JÖRG SPITZER

AF176187

DEM KILLER AUF DER SPUR

(UN)-GEKLÄRTE KRIMINALFÄLLE

Von allen Mordtaten sind nur diejenigen
ausgekommen, von denen man etwas weiß.

Georg Christoph Lichtenberg
(1742 - 1799), deutscher Physiker und Meister des Aphorismus

© 2023 JÖRG SPITZER
Herstellung und Verlag: BoD – Books on
Demand, Norderstedt
ISBN: 9783756889167

Ein anderes Bekenntnis der Inquisitin [Kindes-Mörderin], an deren Aufrichtigkeit und Wahrhaftigkeit bei der Beschaffenheit ihrer Natur gar nicht zu zweifeln ist, könnte der wunderlichen Schopenhauerschen Theorie von der Liebe zu Statten kommen; sie spürte jedes Mal, und lange vor ihrem eigenen Unglück, sobald sie Kinder erblickte, große Lust, sie aus der Welt zu schaffen und dachte: wenn es nur niemand sähe, so brächte ich euch um! war dabei aber eine äußerst gutmütige Person.

Friedrich Hebbel
(1813 - 1863), Christian Friedrich Hebbel, deutscher Dramatiker und Lyriker

Nachfolgend nun einige sogenannte Cold-Cases also Kriminalfälle, hier Tötungsdelikte, die schon einige Zeit zurückliegen und zum damaligen Zeitpunkt nicht aufgeklärt werden konnten. Da Mord aber in Deutschland im Gegensatz zu einigen anderen Staaten nicht verjährt, werden diese Fälle in regelmäßigen Abständen polizeilicherseits nochmals überprüft, ob relevante Veränderungen oder neue Hinweise das Tatgeschehen neu interpretieren lassen und im besten Fall die Tat aufzuklären wäre.

Die dargestellten Geschehnisse stellen nur einen Bruchteil der *Altfälle* dar, zu umfangreich wäre der Versuch, auch nur ansatzweise eine Gesamtdarstellung abzubilden.

Inwieweit die angeführten Fälle zum jetzigen Zeitpunkt betrachtet werden, ob gelöst oder nicht, konnte ich bei der Fertigstellung dieser kurzen „Reportage" natürlich nicht berücksichtigen. So kann es durchaus sein, dass einige Fälle als aufgeklärt gelten.

Als Anhang und für Interessierte stelle ich noch einige Serienmörder und Ihre Taten vor, die stellvertretend einige kriminalistische Arbeitsweisen der Polizei zeigen und Mordermittlungen generell aufzeigen.

Im Kreis Wesel gibt es sieben Morde, die noch nicht aufgeklärt wurden und die Polizei bis heute beschäftigen. Die Cold Cases in der Übersicht.

Mord verjährt nie. Wenn einem anderen Menschen vorsätzlich das Leben genommen wurde, kann der Rechtsstaat auch nach vielen Jahrzehnten noch Täter zur Rechenschaft ziehen. So schlimm andere Straftaten wie Raub, Totschlag oder Betrug sind: Nach einer gewissen Zeit bleiben Täter ungestraft. Auch wenn das Delikt eine lebenslange Haftstrafe bedeutet hätte, wird das Verfahren spätestens nach 30 Jahren eingestellt. Anders in Mordfällen.

Die Aufklärungsquote bei Mord und Totschlag ist überdurchschnittlich hoch, 2020 und 2021 lag sie in NRW bei über 90 Prozent. Über die Jahre bleiben aber einige wenige Fälle ungelöst und werden zu sogenannten „Cold Cases". Im Kreis Wesel gibt es sieben dieser Fälle, wie die zuständige Polizei in Duisburg mitteilt. Alle Fälle liegen bereits mehr als 15 Jahre zurück, der älteste ist von 1977.

Das sind die sieben Cold Cases im Kreis Wesel

In Schermbeck wurde 1977 eine 19-jährige Frau erschossen und zerstückelt im einem Wald entdeckt. Pilzsammler sollen sie damals gefunden haben. Seither gibt es zu diesem Fall keine weiteren Ermittlungsansätze über die Jahre. Damalige Zeugen sollen nun allerdings auch schon über 90 Jahre alt sein und sich in der Türkei aufhalten. Das sei eine generelle Schwierigkeit bei so weit zurückliegenden Fällen, weiß Polizeisprecher Stefan Hausch: „Zeugen sind nach den Jahren schon sehr alt, selbst schon tot, nicht mehr in Deutschland oder können sich nicht mehr erinnern."Einen weiteren ungeklärten Fall gibt es aus dem Jahre 1981. Damals ist ein 46-jähriger Autohändler in Kamp-Lintfort tot aufgefunden worden. Die Angestellten des Mordopfers fanden ihn in seinem Haus, welches an die Geschäftsräume des Autohauses angrenzte. Die Todesursache war ein Genickschuss und die Polizei geht in diesem Fall von Raubmord aus. Die Ermittler verdächtigten damals einen 31-Jährigen, der allerdings wegen eines zweifelhaften Waffengutachtens des BKA *freigesprochen worden ist. Weitere Ermittlungsansätze gab es seitdem nicht mehr.*

Fälle aus dem Kreis Wesel bei „Aktenzeichen XY ungelöst"

1986 wurde in Neukirchen-Vluyn ein zehnjähriges Mädchen getötet. Zunächst galt es als vermisst, bis ihr damals 21-jähriger Bruder sie nahe einer Autobahn in einem Busch gefunden hat. Das Mädchen wurde sexuell missbraucht und stranguliert. Auch in diese Fall gab es einen Tatverdächtigen. Allerdings reichten die Beweise nicht aus, sodass das die Staatsanwaltschaft keine Anklage gegen ihn erheben konnte. Somit bleibt das Verbrechen an dem Mädchen bis heute ungestraft.

Ein Jahr danach, 1987, wurde in Kamp-Lintfort eine 20-jährige Frau ebenfalls in einem Gebüsch neben einer Autobahn gefunden. Zur Todesursache heißt es von der Polizei, dass stumpfe Gewalteinwirkungen gegen den Kopf gegeben hat. In den letzten Jahren seien allerdings keine weiteren Ansätze aufgekommen, die den Ermittlern zur Lösung des Falls helfen könnten.

Die zuletzt genannten Mordfälle waren beide Ende 2020 in der ZDF-Livesendung „Aktenzeichen XY ungelöst". Die Ermittler suchten über die Sendung nach möglichen Zeugen und Hinweisen. Während und nach der Sendungen kamen einige hundert Hinweise zusammen, die die Polizei Duisburg nach und nach prüfte. Bis jetzt konnten die Fälle allerdings auch mit Hilfe der TV-Sendung nicht aufgeklärt werden.

2006 bei „Aktenzeichen XY ungelöst" Thema war ein Mord aus Dinslaken, bei dem im Oktober 2005 ein 51-jähriger Architekt auf einem Parkplatz vor einem Mehrfamilienhaus mit drei Schüssen getötet wurde. Bislang wurde der Mörder nicht gefasst – zuletzt wurde der Fall 2020 noch mal aufgerollt.

Zudem gibt es noch einen Fall aus Hamminkeln, der laut Polizei bis heute ungeklärt ist. In diesem Fall wurde im Jahre

2000 ein Säugling tot am Weikensee gefunden. Die Ermittlungen führten allerdings bis jetzt zu keiner Aufklärung.

Alt-Ermittler rollen Cold Cases wieder auf
Für ungeklärte Mordfälle verfolgt das Innenministerium seit letztem Jahr eine neue Strategie. Beim LKA wurden bereits pensionierte Ermittler zurück in den Dienst geholt, die die „Cold Cases" in NRW aufrollen und nochmals mit den modernen Ermittlungsstandards bearbeiten sollen.

In den genannten Fällen wurden alle Vorschläge der Alt-Ermittler laut Polizei Duisburg aber bereits geprüft, ohne dass sie zu einem Ergebnis geführt haben. Der einzige Cold Case, bei dem die Ermittlungen noch laufen, ist aus Moers. Ein 31-jähriger Heizungsinstallateur wurde dabei 1994 vor seinem Haus erschossen.

Aktueller Mordfall in Moers ist ebenfalls noch ungelöst

Kein „Cold Case", aber ein aktuell noch ungeklärter Mordfall in Moers beschäftigt derzeit die Ermittler. Kazim Tatar (56) gilt seit dem 12. September als vermisst, soll laut Polizei aber ermordet worden sein. Bislang wurde noch keine Leiche gefunden. Tatar verschwand nach seinem Türkeiurlaub. In seiner Wohnung wurde kurz darauf Feuer gelegt, vermutlich um Spuren zu verwischen.

Nun wurden sein 20-jähriger Sohn und um ein 48-jähriger Bekannter aus Neukirchen-Vluyn verhaftet. Beide stehen unter dringendem Tatverdacht. Ob weitere Personen am Tatgeschehen beteiligt waren, ist bislang noch nicht klar und wird ermittelt.

https://www.nrz.de/staedte/kreis-wesel/cold-cases-kreis-wesel-diese-fuenf-mordfaelle-sind-ungeloest-id236983027.html aufruf 02/23

Die Whitechapel-Morde: Jack the Ripper

Weitere gruselige Mordfälle verantwortet Jack the Ripper. Seiner ist wohl der bekannteste Name, wenn es um historische Mörder geht. Dabei ist seine Bekanntheit schon lange nicht mehr nur seinen Taten zuzurechnen – zahlreiche Filme, Bücher, Theorien und Legenden haben ihn zum Gegenstand. Vor einigen Jahrzehnten ist sogar sein Tagebuch gefälscht worden. Die Faszination, die von ihm ausgeht, gründet sich zum einen auf die außergewöhnlich brutalen Morde und zum anderen darauf, dass es niemals auch nur die geringste Spur gab. Trotz seines weltberühmten Namens ist die wahre Identität Jack the Rippers bis heute ungeklärt.

Fünf Morde können Jack the Ripper eindeutig zugerechnet werden. Sie haben sich alle in den 1880er-Jahren im Londoner Armenviertel Whitechapel ereignet, das damals überwiegend von Tagelöhnern, Flüchtlingen, Kriminellen und Prostituierten bevölkert war. Die Opfer waren allesamt Frauen, denen die Kehle aufgeschlitzt worden war. Die meisten Opfer hatten auch noch einen verstümmelten Unterleib. Im zweiten der fünf Fälle war der Unterleib vollständig ausgeweidet worden.

Aufgrund der räumlichen Nähe und der Ähnlichkeit der Wunden ist davon auszugehen, dass alle gruselige Mordfälle demselben Mörder zugerechnet werden können. Unter anderem die Art der Morde sowie die damals begrenzten forensischen Mittel führten dazu, dass Jack the Ripper nie gefunden wurde. Das Ende der Mordserie wird damit erklärt, dass er gestorben oder außer Landes geflohen ist.

https://vorsorgeweitblick.lv1871.de/2018/11/gruselig-und-durchdacht-historische-morde/0015

Es war eine Tat, die große Anteilnahme der Menschen in Koblenz ausgelöst hat: Im März 2018 wurde ein 59-jähriger Obdachloser auf dem Koblenzer Hauptfriedhof tot aufgefunden - enthauptet von einem Unbekannten. Das Opfer hatte auf dem Hauptfriedhof gelebt. Der 59-jährige hatte früher einmal mit Kunst gehandelt, sein Geschäft dann aber schließen müssen. Die zeitweilig 35-köpfige Sonderkommission "Hauptfriedhof" war fast 2.000 Hinweisen und Spuren nachgegangen - zum Mörder führten sie aber nicht. Die Ermittler haben aber noch nicht aufgegeben: Der Sprecher des Landeskriminalamts, Pascal Widder, sagte, es seien noch mehrere Ermittlungsspuren in Bearbeitung.

https://www.swr.de/swraktuell/rheinland-pfalz/ungeloeste-mordfaelle-in-rlp-100.html

15

1994 war die texanische Studentin Amy Lopez auf einer Europareise, die ihr Vater ihr geschenkt hatte. Dabei machte die 24-jährige Station in Koblenz. Eines Morgens stieg sie zu Fuß zur Festung Ehrenbreitstein hinauf. Dabei traf die Amerikanerin offenbar auf ihren Mörder. Die junge Frau wurde Opfer eines Sexualverbrechens. Ebenfalls 1994 machten Waldarbeiter in der Nähe einer Schutzhütte in Idar-Oberstein (Kreis Birkenfeld) einen grausigen Fund. Sie stießen auf einen Toten - eingewickelt in einen Bundeswehrschlafsack und blaue Müllsäcke. Ermittlungen zufolge starb der Mann zwischen Oktober 1993 und März 1994. Erst 26 Jahre später konnten Ermittler der Kriminaldirektion Trier und die Staatsanwaltschaft Bad Kreuznach die Identität des Mannes klären: Es handelte sich um einen damals 46 Jahre alten aus Polen stammenden Aussiedler. Er war mit seiner Familie aus Danzig in den Raum Idar-Oberstein gezogen. Wer ihn umbrachte, blieb unbekannt. Ende des Jahres 2002 wurde eine gehörlose Prostituierte zum letzten Mal gesehen, als sie auf dem

Straßenstrich in Bonn-Endenich in ein Auto stieg. Wenige Tage später fand man ihre Leiche in der Nähe von Schweich (Kreis Trier-Saarburg). Sie lag nur noch mit Unterwäsche, einem T-Shirt und Socken bekleidet in einem Gebüsch neben einem Parkplatz an einer Landstraße. Im April 2008 fanden Rodungsarbeiten in der Nähe einer Autobahnanschlussstelle der A63 bei Klein-Winternheim (Kreis Mainz-Bingen) statt. Dabei wurde die skelettierte Leiche eines Mannes gefunden. Die Polizei versuchte mithilfe einer Gesichtsrekonstruktion herauszufinden, um wen es sich bei dem Toten handelte. Vergeblich. Über den Toten kann sie nur sagen, dass er zwischen 36 und 42 Jahre alt war, als er umgebracht wurde. Seine Leiche wurde vermutlich zwischen 1994 und 2000 an der Fundstelle abgelegt.1989 in Trier kletterte ein unbekannter Täter über den offenstehenden Balkon in die Wohnung der 31-jährigen Beatrix Hemmerle und stach mit einem Messer auf sie ein. Ihr damals zwölfjähriger Sohn fand sie blutüberströmt, sie starb noch am Tatort. 2017 *rollte die Polizei den Fall neu auf, weil sie durch Fortschritte bei der DNA-Analyse neue Spuren hatte. Ein erster Reihentest brachte zwar kein Ergebnis. LKA-Sprecher Widder sagte aber, dass auch aktuell Personen, die damals erfasst wurden, um eine freiwillige DNA-Abgabe gebeten würden.*

https://www.swr.de/swraktuell/rheinland-pfalz/ungeloeste-mordfaelle-in-rlp-100.html

Eine Ermittlungsgruppe der Braunschweiger Polizeidirektion befasst sich erneut mit einem Tötungsdelikt, das bereits 45 Jahre zurückliegt. Die Tat wirft viele Fragen auf.
von Theresa Möckel

Der Fall von Heike Wiatrowski führt die Ermittlerinnen und Ermittler nach Sickte im Landkreis Wolfenbüttel. Im Jahr 1977 hatten die Eltern der damals Zwölfjährigen das Mädchen tot zu Hause vorgefunden. Bis heute konnte die Polizei keinen Verdächtigen ausfindig machen und startet deshalb eine groß angelegte Anwohnerbefragung. Einige Hinweise hat die Polizei bereits. Details nannte der Chef der Kriminalpolizei Uwe Lietzau nicht, es soll sich aber um Hinweise auf Personen handeln, die bei Ermittlungen 1977 und 1985 noch nicht vorlagen. Nach diesen Hinweisen sollen nun weitere Zeugen befragt werden.

Was ist passiert?

Die zwölfjährige Heike Wiatrowski wurde 1977 in ihrem Elternhaus getötet.
Heike Wiatrowski ist zum Tatzeitpunkt zwölf Jahre alt und geht in die sechste Klasse. Am 18. Februar 1977 kommt sie von der Schule nach Hause, während ihre Eltern noch unterwegs sind. Sie ist ein Einzelkind und es deshalb auch gewohnt, nachmittags mal allein zu Hause zu sein. Als ihre Eltern zurückkommen, werden sie misstrauisch. Eigentlich ist die Tür abgeschlossen - an diesem Tag nicht. Sie finden die Leiche ihrer Tochter mit Blut überströmt im Wohnzimmer. Laut Polizei starb Heike Wiatrowski an den Folgen massiver Stich- und Schlagverlet-zungen. Es gibt Zeugenaussagen eines Nachbarsjungen, der damals Schreie und Türenklappern gehört haben will. Ein Mann soll laut "Ich höre jetzt auf" gerufen haben.

Täter im persönlichen Umfeld vermutet
Bisher konnte die Polizei Braunschweig keinen
Täter ausfindig machen, auch das Tatmotiv ist
unklar. "Wir nehmen an, dass der Täter aus
dem persönlichen Umfeld des Opfers stammt",
sagt Uwe Lietzau. Den Verdacht begründet er
damit, dass Heike Wiatrowski dem Täter die
Tür geöffnet und ihn hereingelassen hatte.
Allerdings verliefen Ermittlungen erfolglos und
wurden schließlich auf Eis gelegt. Später wagte
die Polizei einen neuen Anlauf: 1985 - sieben
Jahre nach der Tat - nahm die Polizei die
Ermittlungen wieder auf, blieb aber wieder
erfolglos.

Hoffen auf Hinweise
Durch die erneute Befragung wollen die
Polizeibeamten die Tat und die Geschehnisse
von vor 45 Jahren bei den Anwohnerinnen und
Anwohnern wieder ins Gedächtnis rufen.
Zusätzlich wollen die Beamten Flyer verteilen
und so möglichst viele Menschen aus dem
Umfeld des Opfers erreichen. "Die Abläufe der
Tat und das geschlossene System im Dorf
sprechen dafür, dass es Zeugen geben muss",

sagt Kripo-Chef Lietzau. "Menschen, die eine Zwölfjährige umbringen, verhalten sich anders", sagt er. Und deshalb, so hoffen die Beamten, könnten durch neue Aussagen und Beobachtungen die Puzzleteile des Falls genauer zusammengesetzt werden. Außerdem wollen sich die Ermittler die geografischen Gegebenheiten im Ort genauer anschauen. Auch solche Beobachtungen, die neu eingeordnet werden, sollen dazu beitragen, den Fall zu lösen.

https://www.ndr.de/nachrichten/niedersachsen/
braunschweig_harz_goettingen/Cold-Case-von-1977-Neue-Hinweise-
in-Fall-aus-Sickte,coldcase226.html

21

Noch 60 offene Cold-Case-Fälle in der Region Braunschweig

Bereits seit 2019 kümmert sich eine spezielle Ermittlungsgruppe bei der Braunschweiger Polizei um solch spezielle "Cold Cases". Sechs Polizeibeamte arbeiten an Kriminalfällen, die bis ins Jahr 1945 zurückreichen. Einige davon konnten bereits gelöst werden. Die Wiederaufnahme der Ermittlungen in einem Fall aus Helmstedt führte vor anderthalb Jahren sogar zu einer Verurteilung. Bei einem Fall, der so weit zurückliegt wie der von Heike Wiatrowski, geht es den Ermittlern allerdings nicht nur darum, den Täter zu finden. "Es geht nicht nur um Strafe oder keine Strafe. Wichtig ist noch ein zweiter Aspekt", sagt Lietzau, "nämlich den Angehörigen der Opfer Klarheit zu geben."

https://www.ndr.de/nachrichten/niedersachsen
braunschweig_harz_goettingen/Cold-Case-von-1977-Neue-Hinweise-
in-Fall-aus-Sickte,coldcase226.html

Diese 40 Morde sind noch nicht aufgeklärt

Rund 40 Tötungsdelikte – Mord und Totschlag werden Jahr für Jahr in Sachsen-Anhalt verübt. Und obwohl die Aufklärungsquote gerade bei diesen Kapitaldelikten bei weit mehr als 94 Prozent liegt, blieben seit 1990 39 Fälle mit 40 Opfern ungeklärt.

Volksstimme-Chefreporter Bernd Kaufholz hat bei Polizei und Staatsanwaltschaften recherchiert und stellt nach 2004 zum zweiten Mal die komplette Liste ungeklärter Tötungsdelikte des Bundeslandes vor. Es handelt sich um Fälle, wo zum Teil Täter und Tatmotiv völlig im Dunkeln liegen, wo sich Tatverdächtige seit Jahren auf der Flucht befinden oder wo die Polizei glaubt, den oder die Täter zu kennen, es jedoch an handfesten Beweisen mangelt.
Der am weitesten zurückliegende Fall ist inzwischen 21 Jahre alt. Opfer war der damals sechs Jahre alte Michel Obenauff aus dem Salzlandkreis. Der jüngste Fall ist der Tod des

42 Jahre alten Eric Brand aus Stendal. Der Altmärker wurde im Sommer 2010 tot in einer Gartenlaube aufgefunden. Opfer sind 30 Deutsche, vier Bürger der ehemaligen Sowjetunion, drei Vietnamesen, ein US-Amerikaner, ein Mosambikaner und ein Mann unbekannter Herkunft.

Getötet wurden 30 Männer und zehn Frauen. Darunter ein Kind und zwei Jugendliche. Das prominenteste Opfer ist der Manager der "Kastelruther Spatzen". Er wurde 1998 in Magdeburg getötet.

Michel Obenauff (6)
Eickendorf. Am 19. August 1990 wird Michel Obenauff aus Eickendorf (Salzlandkreis) von seiner Mutter vermisst gemeldet. Drei Jahre später, am 3. August 1993, wird seine skelettierte Leiche in einem lange Zeit ungenutzten Kartoffelkeller des Dorfs gefunden. Die Schuhe fehlen. Die genaue Todesursache kann nicht mehr festgestellt werden.

SilvanaOtzipka (17)

Pulspforde. Silvana Otzipka aus Pulspforde (Anhalt-Bitterfeld) wird am 26. Juli 1992 von einem Schrottsammler tot aufgefunden. Die verkohlte Leiche liegt zwei Kilometer von Zerbst entfernt auf einem ehemaligen Schießplatz der russischen Armee. Sowohl Todeszeit als auch Todesursache sind ungeklärt. Die Jugendliche war seit dem 19. Juli vermisst worden.

Shawn Flamma (28)

Halle. Der Kalifornier wird am 27. Mai 1998 in der "Flamingo"-Bar von Halle von zwei Unbekannten erstochen. Die Täter – möglicherweise Kosovo-Albaner – können unerkannt fliehen.

Anja Lengnick (16)

Aschersleben. Anja Lengnick verblutet am 4. September 1998 vor ihrer Haustür in Aschersleben (Salzlandkreis). Ein Unbekannter hatte sie gegen 1.30 Uhr nach dem Besuch der Diskothek "Manege" niedergestochen.

Renate M. (61)
Wolfen. Die Invalidenrentnerin wird am 4.
August 2001 in ihrer Plattenbauwohnung in
Wolfen-Nord von einem Bekannten tot
aufgefunden. Erst die Obduktion ergibt, dass
die Frau erwürgt wurde.

Beatrice R. (19)
Leuna. Am 7. Oktober 1990 findet ein Mann auf
einer verwilderten Wiese unweit des Leuna-
Geländes (Saalekreis) die Leiche der 19 Jahre
alten Beatrice R. aus Halle. Die junge Frau
wurde vergewaltigt und erwürgt. Das Opfer
war am 1. Oktober nach dem Besuch der Disko
im Jugendclub Leuna nicht nach Hause
gekommen.

Eric Brand (42)
Stendal. Der 42 Jahre alte Mann wird am 11.
Juli 2010 in einer Laube in einer Stendaler
Gartensparte im Bindfelder Seitenweg tot
aufgefunden. Der Notarzt stellt Spuren von
Gewaltanwendung fest. Die Kriminalpolizei

ermittelt wegen Totschlagsverdachts.

Jörg H. (20)
Halle. Der Musikstudent will am 1. Mai 1994
seine Freundin vor sexueller Belästigung
beschützen. Als er den Täter verfolgt, wird er
von diesem mit einem Revolver erschossen.

Gurgen G. (31)
Halle. Nach einer Autojagd durch Halle und
anschließender Schießerei wird der Armenier
Gurgen G. am 22. April 1996 bei Peißen
(Saalekreis) von Unbekannten durch
Kopfschüsse getötet.

Karin Sch. (53)
Zeitz. Am 26. August 1996 wird in Zeitz
(Burgenlandkreis) in einer Nische der
Kasematten auf der Moritzburg durch
Bauarbeiter eine Tote gefunden. Sie hat
Verletzungen an Hals und Kopf. Die "schwarze
Witwe" (wegen ihrer Bekleidung) wurde seit
Juli vermisst.

Siegfried D. (42)
Merseburg. Am 20. August 1998 wird der
Obdachlose bei Merseburg aus der Saale
gezogen. Er starb eines gewaltsamen Todes.

Paul Saib (55)
Theeßen. Am 28. September 2001 wird der
Geschäftsmann tot im Flur seines Hauses in
Theeßen (Jerichower Land) aufgefunden. Er
wurde mit seiner eigenen Bockbüchsflinte
zweimal in den Kopf geschossen. Vieles deutet
auf einen Auftragsmord hin.
Norbert Bartel (46)
Der Altmetallsammler wird am 29. Juni 1991
an der Stendaler Tonkuhle tot aufgefunden. Er
wurde mit einer Eisenstange erschlagen. Zwei
Kinder, die sich kurzfristig in der Gewalt des
Täters befunden haben, können ihn
beschreiben.

Edwin Riethmüller (42)
Halle. Der sogenannte Ponyman aus Halle-
Trotha wird am 14. September 1994 tot in
seiner Wohnung aufgefunden. In seinem Hals

steckt ein Messer mit 28 Zentimeter langer
Klinge.

Nguen Can Khanh (21)
Leuna. Der Vietnamese wird am 28. Mai 1996
an einer Leunaer Werksmauer mit aufgesetzten
Kopfschüssen regelrecht hingerichtet.
Möglicherweise eine Tat innerhalb der
Zigaretten-Mafia.

Jekatarina Dronova (27)
Werkleitz. Am 15. Juli 1997 wird die Deutsch-
Russin an der Wendeschleife in Halle-Süd tot
aufgefunden. Sie liegt in einem Schlafsack und
wurde wahrscheinlich lebendig begraben. Die
Drogensüchtige wurde seit Mai 1996 vermissst.

Roland Wiese (35)
Magdeburg. Der 35-Jährige wird am 26.
Oktober 2000 von Verwandten in seiner
Einraumwohnung in Magdeburg gefunden.
Einen Tag zuvor war er das letzte Mal lebend
gesehen worden. Er hat seinen Mörder
wahrscheinlich selbst in die Wohnung gelassen.

Christine Klein (45)
Grieben. Am 29. April 2002 steigt Rauch aus dem Haus von Familie Klein in Grieben (Kreis Stendal). Beim Löschen findet die Feuerwehr auf dem Bett die Leiche von Christine Klein. Die 45-Jährige wurde erwürgt. Nach dem tatverdächtigen Ehemann Werner Klein und seinem Ford "Focus" wird seitdem erfolglos gefahndet.

Mario K. (27)
Schönebeck. der Überfall auf den "Minimal"-Markt in Schönebeck am 1. August 1991 endet mit einem Mord. Als der 27 Jahre alte Mario K. mit seinem Skoda auf dem Parkplatz des Supermarkts seiner Freundin entgegenfahren will, die mit einem Einkaufswagen das Gebäude verlässt, wird er von einem Maskierten mit Pumpgun erschossen. Der Mörder und ein zweiter Täter können fliehen.

Oliver S. (28)
Dessau. Oliver S. raucht am 2. Oktober 1994 um 1.16 Uhr Uhr vor seiner Wohnung in der

Dessauer Taubenstraße eine Zigarette. Da fällt ein Schuss. Tödlich getroffen, bricht er zusammen. Die Kriminalpolizei vermutet, dass S. Verbindungen zur Schutzgelderpesserszene hatte.

Zwei unbekannte Vietnamese. Ein Pilzsammler findet am 20. Oktober 1996 im Hagen 3139 zwischen Bone und Bornum bei Zerbst einen Toten. Während der Tatortarbeit stößt die Polizei auf eine zweite Leiche. Beide Opfer sind Vietnamesen. Ihre Identität ist bis heute ungeklärt.

Klaus F. (43)
Dessau. Ein Fahrradfahrer entdeckt am Morgen des 7. November 1998 neben der gerade ausgebauten, jedoch noch nicht freigegebenen Schlagstraße in Dessau-Süd einen Toten. Es ist der Obdachlose Klaus F. Der 43-Jährige wurde durch fünf Schläge an den Kopf getötet.

Dora G. (75)

Schackstedt. Die Rentnerin wird am frühen Morgen des 11. Dezember 1997 in einem Nebengebäude ihres Grundstücks in einer Blutlache aufgefunden. Die Verletzungen rühren von stumpfer und scharfer Gewalt her. Die Wohnung wurde durchwühlt. Tatmotiv unbekannt.

David Döbler (24)
Wormsdorf. Nach der Diskothek am 27. Januar 2001 in Wormsdorf (Bördekreis) wird David Döbler aus Wefensleben geschlagen, getreten und ausgeraubt. Er stirbt am 30. Januar an seinen schweren Kopfverletzungen. Die Kripo hat drei Phantombilder von Tatverdächtigen.

"Grabenleiche"
Barleben. Am 12. November 2001 wird beim Reinigen der Großen Sülze bei Barleben (Bördekreis) eine fast skelettierte, gefesselte Leiche gefunden. Der Nordosteuropäer wurde durch Kopfschuss getötet. Sein Aussehen wird durch ein Spezialverfahren rekonstruiert. Christine Kruse (41)

Stendal. Ein russischer Offizier und seine Ehefrau finden am 8. März 1992 im Wald am GUS-Flugplatz Stendal-Borstel die Leiche einer Frau. Sie wird als Christine Kruse identifiziert. Rechtsmediziner stellen "Gewalt gegen den Hals" fest. Die 41-Jährige aus Stendal-Stadtsee war seit dem 17. Januar 1992 vermisst worden.

Heike Rimbach (19)
Lüttgenrode. Am 28. August 1995 findet Karl-Heinz Rimbach seine Tochter auf dem Dachboden der Alten Schäferei in Lüttgenrode (Harzkreis). Sie wurde geschlagen, erstochen und an einem Hanfstrick aufgehängt. 2010 scheint der Fall gelöst, Heikes Ex-Freund wird festgenommen. Doch weil die Beweislage fraglich ist, muss er wieder auf freien Fuß gesetzt werden.

Artur Muratjan (30)
Döllnitz. Der Tote wird im Frühsommer 1996 aus dem Kanal bei Döllnitz (Saalekreis) gezogen. Der Georgier war mit 5000 Dollar in

der Tasche aus dem Asylbewerberheim
verschwunden.

Sergio Paipe (28)
Sangerhausen. Der Mosambikaner wird am 12.
Juli 1996 im Musikcafé Dahms in
Sangerhausen (Mansfeld-Südharz) mit einem
Billardstock erschlagen. Als tatverdächtig gilt
der Pakistaner Jabal Meher.

Karl-Heinz Gross (39)
Magdeburg. Der Fall beschäftigt die Kripo seit
dem 6. März 1998. An jenem Tag findet ein
Lkw-Fahrer auf der Magdeburger
Steinkopfinsel den schwer verletzten Manager
der Südtiroler Volksmusikgruppe "Kastelruther
Spatzen". Gross stirbt trotz Notoperation, ohne
noch einmal das Bewusstsein erlangt zu haben,
an seinen schweren Verletzungen,
hervorgerufen durch stumpfe Gewalt.

Hartmut Felix Bürger (51)
Harzgerode. Am 31. März 2001 meldet die
Ehefrau Hartmut Felix Bürger als vermisst. Er

*ist von seinem Betrieb im Gewerbegebiet
Augustushöhe in Harzgerode (Harzkreis) nicht
nach Hause gekommen. Am 28. April wird seine
Leiche im Kofferraum seines eigenen Audi auf
einem Parkplatz des Fughafens Leipzig-Halle
gefunden. Todesursache: stumpfe Gewalt gegen
Kopf und Brust.*

Gunter Rüter (66)
*Ilsenburg. Der verwitwete Rentner wird am 14.
Dezember 2007 in seiner Wohnung in Ilsenburg
(Harzkreis) von seinem Sohn tot aufgefunden.
Rüter wurde geschlagen und erstochen. Er
hatte seinem Mörder selbst die Tür geöffnet.
Nach der Tat fehlten Geldbörse und EC-Karte.*

Sven P. (36)
*Ein Jäger findet das gefesselte und verkohlte
Opfer am 30. November 2008 im Kofferraum
seines Autos, das mittels Brandbeschleuniger
angezündet wurde. Der Verdacht, der jedoch
nicht erhärtet werden kann, fällt auf Ehefrau
und Stiefsohn.*
Matthias Horn (36)

Magdeburg. Der Kosmetikvertreter stirbt am Valentinstag – dem 14. Februar 2006 – in seiner Magdeburger Wohnung. Ihm wurde im Schlafzimmer die Kehle durchgeschnitten. Der unbekannte Täter holt mit der gestohlenen EC-Karte zweimal Geld ab.

Maik Zurbuchen (34)
Halle. Der Bordell-Angestellte wird am 29. Dezember 1999 vor dem "Kastanienhof" in Halle erstochen. Die Polizei fahndet nach zwei Kosovo-Albanern, Ridvan und Habib Muhamedi

Ramis Zafarow (33)
Döllnitz. Der Mann aus Aserbaidschan, der seit 1994 im Raum Halle lebt, wird am 27. Februar 1996 bei Döllnitz (Saalekreis) aus dem Hubschütz des Saale-Elster Kanals gezogen. Er war am 7. Dezember 1995 von seiner Freundin vermisst gemeldet worden. Aufgrund der langen Liegezeit kann er nur anhand seiner auffälligen Tätowierung identifiziert werden. Selbst die Todesursache liegt im Dunkeln.

Uwe M. (35)

Sietzsch. Der Mitarbeiter der Sicherheitsfirma ADS wird am 19. Dezember 1996 erschossen, als er mit einem Kollegen die Gelder aus dem Zentrallager von "Porta" in Sietzsch (Saalekreis) abholen will. Die Räuber erbeuten etwa 440000 Mark in Bargeld und Schecks.

Rainer G. (36)

Oranienbaum. Das Opfer wird am 27. Mai 1994 zwischen Oranienbaum und Vockerode (Kreis Wittenberg) erschossen aufgefunden. Der Mann wurde in Leipzig vermisst. Sein Auto war im Juli 1993 ausgebrannt in Hessen gefunden worden.

Siegfried D. (25)

Roßlau. Der Inhaber der Roßlauer Pension "Zum Stadtwald" wird am 21. April 1996 durch Kopfschuss getötet, als er am offenen Fenster steht.

https://www.volksstimme.de/sachsen-anhalt/diese-40-morde-sind-noch-nicht-aufgeklart-433364

Gottloser Mörderhand fiel am 31. März 1922 die Familie Gabriel-Gruber von hier zum Opfer" – diese Inschrift ziert ein Marterl ganz in der Nähe des Tatorts beim Waidhofener Ortsteil Gröbern. **Zum Gedenken an eines der schrecklichsten und aufsehenerregendsten Verbrechen, das sich im Freistaat Bayern je abgespielt hat, wurde der Bildstock errichtet.**

Sechs Menschen sind in der Nacht auf den 1. April 1922 auf dem Einödhof Hinterkaifeck ermordet worden. Um diesen Mordfall ranken sich seit vielen Jahrzehnten unzählige Mythen und Theorien, die versuchen, das Geschehene zu rekonstruieren. Die Tat selbst bleibt jedoch bis zum heutigen Tag ungeklärt. Das Anwesen wurde ein Jahr danach abgerissen. In der fraglichen Nacht kamen alle sechs Bewohner – Familie Gruber und die Magd – ums Leben. Die Familie Gabriel/Gruber lebte damals sehr zurückgezogen und galt in der Gemeinde Gröbern als eigenbrötlerisch und geizig, jedoch als sehr wohlhabend. Das Zusammenleben auf dem Hof war alles andere als idyllisch. Andreas Gruber war als extrem dominant, herrschsüchtig und jähzornig bekannt. Zudem bestand zwischen ihm und seiner Tochter

Viktoria eine inzestuöse Beziehung, die mehrere Personen bezeugten, und für die auch beide im Jahr 1915 verurteilt wurden. Es kann daher nicht ausgeschlossen werden, dass Gruber sowohl Vater als auch Großvater der beiden getöteten Kinder war. Die Magd Maria Baumgartner kam erst an dem Abend an den Hof, an dem sich das schreckliche Verbrechen ereignen sollte. Sie hätte am darauffolgenden Tag ihren Dienst antreten sollen. Das genaue Tatgeschehen ließ sich niemals zweifelsfrei rekonstruieren, lediglich Vermutungen lassen sich aufgrund der Auffindsituation anstellen. Entdeckt wurden die Leichen erst am Dienstag, 4. April, als der Monteur Albert Hofner auf dem Hof in Abwesenheit der Bewohner den Motor einer landwirtschaftlichen Maschine reparierte. Er bemerkte den Hofhund angeleint am Handlauf der Haustür und das offenstehende Stadeltor. Ansonsten war es gespenstisch still auf dem Anwesen. Hofner informierte den Ortsvorsteher Lorenz Schlittenbauer, dieser kam darauf mit den Nachbarn Pöll und Siegl sowie zwei Söhnen auf das Anwesen. Sie fanden die Toten. Neben Schlittenbauer gab es eine Reihe von Verdächtigen – Hausierer, entflohene Geisteskranke, ehemalige Knechte der Grubers *und verschiedene bekannte Kriminelle der Gegend. In der Summe sind mehr als 100 Verdächtige erfasst. In keinem einzigen Fall wurde aber irgendjemand des Mordes an der Familie Gruber-Gabriel angeklagt. Die Hofstelle Hinterkaifeck wurde 1923 abgerissen, es wollte keiner mehr dort wohnen. Die sechs Toten wurden ohne die Köpfe im Waidhofener Friedhof von drei Priestern beigesetzt. Die Grabstelle befindet sich rechts im Friedhof, ein schwarzer Obelisk weist den Weg.*

https//www.donaukurier.de/lokales/landkreis-neuburg-schrobenhausen/der-wohl-bekannteste-cold-case-4723458

Die Konitzer Mordaffäre

Einer der spektakulärsten ungelösten Todesfälle in Deutschland fand zu Beginn des vergangenen Jahrtausends statt. Am 11. März 1900 verschwand der 18-jährige Gymnasiast Ernst Winter. Zwei Tage später wurde sein Torso von seinem Vater auf einem zugefrorenen See nahe der westpreußischen Kleinstadt Konitz gefunden. Erste Untersuchungen durch den Kreisphysikus ergaben, dass die Extremitäten "kunstgerecht mit scharfen Schnitten aus den Gelenken gelöst, die Wirbelsäule mit feiner, scharfer Säge durchtrennt" wurde. Des Weiteren stellte der Arzt fest, dass der Tod Winters durch Verbluten eingetreten sein müsse. Als Täter käme ein professioneller Schlachter infrage. Schnell waren die Verdächtigen eingekreist: der jüdische Schächter Lewy und der Preuße Hoffmann. Dessen Tochter war bekannt für ihr umtriebiges Liebesleben und soll auch etwas mit dem Opfer gehabt haben. Hatte Hoffmann den jungen Winter umgebracht, nachdem er ihn in flagranti erwischte? Die Bürger von Konitz ließen sich durch die Berichterstattung einer antisemitischen Zeitung aber nicht auf Hoffmann als Verdächtigen ein, sondern wollten

Lewy als Täter sehen. Noch Tage später tauchten Gliedmaßen und Kleidung des Opfers auf und hielten die Stadt in Atem. Es wurde von einem jüdischen Ritualmord gesprochen. Das preußische Innenministerium schickte den erfahrenen Kriminalbeamten Johann Braun zur Untersuchung des Falls. Doch auch er kam nicht weiter und floh, als die Wut der Bürger sich gegen ihn richtet. Braun deckte später Schlamperei bei den Ermittlungen auf. Spuren seien verwischt oder entfernt worden und das ärztliche Gutachten sei fehlerhaft.

Die renommierten Berliner Ärzte Virchow und Bergmann stellten fest:

"1. Der Tod des Ernst Winter erfolgte durch Erstickung.

2. Die Annahme, dass der an der zerstückelten Leiche Ernst Winters vorgefundene Halsschnitt bei Lebzeiten Winters ausgeführt wurde und den Verblutungstod herbeiführte, entbehrt der wissenschaftlichen Begründung.

3. Der Tod erfolgte am 11. März innerhalb der ersten sechs Stunden nach der genossenen Mahlzeit [es handelte sich dabei um die Mittagsmahlzeit, der Tod musste folglich in den frühen Abendstunden eingetreten sein.

4. Der Nachweis von Spermaflecken an der Außenseite von Hose und Weste macht es wahrscheinlich, dass Winter kurz vor dem Tode den Beischlaf ausführte oder auszuführen versuchte."

Unterdessen wurde die Familie Lewy in Konitz vor Gericht gestellt, aber nicht verurteilt. Der Fall wurde zu den Akten gelegt und ist bis heute einer der ungeklärten Todesfälle in Deutschland.

https://www.kabeleinsdoku.de/themen/helden-und-verbrecher/
ungeloeste-todesfaelle-in-deutschland

Der Hamburger Trümmermörder
Im Winter 1947, kurz nach Ende des 2. Weltkriegs, trieb der sogenannte Hamburger Trümmermörder sein Unwesen an der Elbe. Ihm werden insgesamt vier der ungeklärten Todesfälle in Deutschland zugeschrieben. Eine der Leichen wurde am 20. Januar 1947 auf einem verlassenen Fabrikgrundstück in der Baustraße von spielenden Kindern gefunden. Sie wurde mit einer Schnur stranguliert.

Fünf Tage später entdeckte ein Schrottsammler an der Ecke Lappenbergsallee und Kollaustraße in Eimsbüttel die Leiche eines älteren Mannes. Am 1. Februar tauchte in einem Fahrstuhlschacht in der Billstraße ein totes Kind auf, das erdrosselt wurde. Das letzte Opfer wurde am 12. Februar in der Nackelmannstraße in Hammerbrook gefunden. Die Frau mittleren Alters wurde ebenfalls stranguliert.

Wie die Identität des Mörders wurde auch die Identität der Opfer nie geklärt. Allen gemein war aber, dass sie ausgeraubt, entkleidet und erstickt wurden. Die Ermittler fanden heraus, dass die Fundorte nicht mit den Tatorten übereinstimmten, da keine Kampfspuren gefunden wurden, dafür aber Schleifspuren.

Obwohl die Polizei mithilfe von Zahnärzten, Sterbeurkunden der Standesämter und den Ausgabestellen für Essensmarken etc. zusammenarbeitete, um Auffälligkeiten registrieren zu können, liefen die Ermittlungen ins Leere. Es gab Verbindungen zum Berliner Serientäter Rudolf Pleil, aber die Indizien reichten nicht aus für eine Verurteilung.

Das Mädchen im Main

Anfang des neuen Millenniums machte ein besonders tragischer Mord Schlagzeilen. Er gehört zu den dramatischsten ungeklärten Todesfällen in Deutschland: das Mädchen aus dem Main. Am 31. Juli 2001 wurde die Leiche eines 15-16 Jahre alten Mädchens von Passanten nahe Frankfurt-Nied im Fluss entdeckt.

Die gerichtsmedizinische Untersuchung stellte zahlreiche Verletzungen am ganzen Körper fest, die nicht durch zeitlich nahe Gewalteinwirkung, sondern durch jahrelange Misshandlungen entstanden seien. Bei der Obduktion protokollierten die Ärzte eine Fehlstellung der Arme infolge verheilter Brüche, zahlreiche längere Narben im Bereich von Beinen, Rumpf und Stirn, Brandnarben, die von Verbrennungen mit Zigaretten herrühren können, sowie links ein durch Verletzungen entstandenes, verkrüppeltes Ohr.

Weiter ist den Unterlagen zu entnehmen, dass der Tod durch zwei durch stumpfe Gewalt herbeigeführte Rippenbrüche hervorgerufen wurde. Diese hätten Lunge und Milz verletzt. Der Tod sei vermutlich drei Tage vor dem Leichenfund eingetreten. Das Mädchen habe wahrscheinlich 12-24 Stunden im Wasser gelegen.

Letzter Stand der Ermittlungen: Das namentlich unbekannte Mädchen wurde höchstwahrscheinlich über Diplomatenkreise nach Deutschland gebracht und lebte dort seit einigen Jahren. Ursprünglich stamme sie aber aus dem pakistanisch-afghanischen Raum. Aufgrund der diplomatischen Immunität potenzieller Verdächtiger mussten die Beamten weitere Untersuchungen einstellen. Sie sammelten Spenden und ermöglichten ein Begräbnis auf dem Friedhof Heiligenstock.

Der Ölflecktäter

Zwischen 2007 und 2011 hielt der sogenannte Ölflecktäter die Süddeutschen Ermittler in Atem – wohl eine der längsten Serien unter den ungeklärten Todesfällen in Deutschland. Der unbekannte Täter füllte Wein- sowie Sektflaschen mit Altöl und warf sie während der Fahrt auf die Spur des Gegenverkehrs. Damit verursachte er einige schwere Unfälle, bei denen im Frühjahr 2011 ein 37-jähriger Motorradfahrer starb. Nach zweijähriger Pause kam es im März 2013 erneut zu ähnlichen Fällen, einen Zusammenhang konnte die Polizei allerdings nicht bestätigen.

*Dem Ölflecktäter können aber folgende Fälle
eindeutig zugeschrieben werden:*

- *4 Flaschen am Karfreitag, den 6. April
  2007 bei Bad Schussenried im
  Landkreis Biberach*
- *2 Flaschen am Sonntag, den 29. April
  2007 bei Neuburg an der Donau*
- *5 Flaschen am Sonntag, den 28.
  Oktober 2007 bei Wittislingen im
  Landkreis Dillingen an der Donau*
- *12 Flaschen am 30. Oktober 2007 bei
  Freisingen*
- *19 Flaschen in der Nacht von Samstag,
  den 12. April zu Sonntag, den 13. April
  2008 bei Beuron im Donautal*
- *5 Flaschen am Montag, den 21.
  Dezember 2009 bei Höchstädt im Kreis
  Dillingen*
- *3 Flaschen am 21. März 2010 bei
  Schwendi im Landkreis Biberach*
- *2 Flaschen zwischen Erkheim und
  Attenhausen*

Die Ermittler fanden an einer der Flaschen DNA-Spuren. Es folgte ein freiwilliger DNA-Test an über 1.400 Männern – ohne Erfolg. Das Erbgut des Täters wurde aber in die bundesweite Datenbank eingestellt und wird mit möglichen zukünftigen Funden verglichen.

Die Babymorde von Schwarzenberg und Rotava

Weitere ungelöste Todesfälle in Deutschland stellten besondere Anforderungen an die zuständigen Ermittler, wie beispielsweise die Babymorde von Schwarzenberg und Rotava. Am 19. Januar 2011 wurde in Schwarzenberg, im sächsischen Erzgebirgskreis eine Babyleiche gefunden. Man hatte sie in eine Weihnachtsplastiktüte eingepackt und in einem Altkleidercontainer entsorgt. Die Obduktion ergab, dass das Kind lebend entbunden und danach erstickt wurde. Zwischen März und Mai 2011 setzten die Ermittler einen Massengentest an 2.000 Frauen im Alter von 14 bis 46 Jahren *an. Doch auch dieser erbrachte keine weiteren Hinweise auf die Identität der Mutter. Der tote Säugling wurde unter dem Namen Max Winter in Schwarzenberg beigesetzt.*

Knapp 1 ½ Jahre später machten tschechische Beamte einen ganz ähnlichen Fund: Eine Babyleiche wurde bei Rotava am 2. Juni 2012 im Straßengraben entdeckt. Auch dieses Kind kam lebendig zur Welt und wurde später getötet. Da die Stadt nahe der Grenze liegt und eine deutsche Mutter nicht ausgeschlossen werden konnte, wurden die Ergebnisse des DNA-Tests an die entsprechenden Behörden weitergeleitet. Das Landeskriminalamt Sachsen fand heraus, dass es sich bei dem tschechischen Baby um den Bruder von Max Winter handelte. Obwohl deutsche und tschechische Kriminalbeamte eng zusammenarbeiteten und sogar Spuren bis ins Rotlichtmilieu verfolgten, blieben die Ermittlungen bis heute fruchtlos. Niemand konnte wirklich sachdienliche Hinweise auf die Eltern der Kinder geben.

https://www.kabeleinsdoku.de/themen/helden-und-verbrecher/ ungeloeste-todesfaelle-in-deutschland Aufruf 03/2023

50

Mordfälle - nie aufgeklärt

Mainz. Sie wurden nur 24 und 25 Jahre alt. Brutal getötet von einem Sex-Täter. Doch auch mehr als 40 Jahre danach tappen die Ermittler im Dunkeln. Insgesamt drei Sexualmorde im Raum Kaiserslautern aus den 1960er Jahren sind die ältesten ungelösten Tötungsverbrechen in Rheinland-Pfalz

Von dpa-Mitarbeiter Imke Hendrich

Mainz. *Sie wurden nur 24 und 25 Jahre alt. Brutal getötet von einem Sex-Täter. Doch auch mehr als 40 Jahre danach tappen die Ermittler im Dunkeln. Insgesamt drei Sexualmorde im Raum Kaiserslautern aus den 1960er Jahren sind die ältesten ungelösten Tötungsverbrechen in Rheinland-Pfalz. Insgesamt gibt es rund 170 ungeklärte Mordfälle, darunter auch Verbrechen, die die Kommissare in regelmäßigen Abständen erneut überprüfen, wie Jürgen Heis, Sachgebietsleiter Kapitaldelikte im Landeskriminalamt (LKA), berichtet. Denn Mord verjährt nie. Vor allem dank der DNA-Analyse konnten nach Jahrzehnten noch Fälle aufgeklärt werden. "Die DNA-Analyse ist eine Super-Option.*

51

Gegen Fingerabdrücke kann sich der Täter schützen, gegen das Legen von DNA-Spuren nicht", betont der Leiter der Mordkommission im Polizeipräsidium Mainz, Uwe Lang. So reichen schon kleinste Hautfetzen unter den Nägeln des Opfers, ausgerissene Härchen oder ein vom Täter achtlos ausgespucktes Kaugummi, um das unverwechselbare Erbgut zu entschlüsseln. Und das kann dann helfen, den Täter dingfest zu machen. "Deshalb haben wir uns seit es die DNA-Analyse gibt, alle ungeklärten Fälle nochmals hervorgeholt um zu schauen, ob noch etwas rauszuholen ist", so Lang. Wie im Fall einer 16-jährigen Schülerin: Sie wird im Sommer 1988 auf einem Feld nahe Speyer missbraucht und getötet. Die Ermittler stehen vor einem Rätsel. Wer hat diese furchtbare Tat begangen? 16 Jahre später helfen feinere Analysen dabei, die DNA-Spuren vom Tatort erneut zu untersuchen und sie mit den Profilen verurteilter Straftäter in der bundesweiten Datei beim Bundeskriminalamt abzugleichen. Und tatsächlich ein Treffer. Ein Metzger, der 1992 wegen eines Sexualdelikts verurteilt worden war, kann als Mörder der 16-jährigen Schülerin überführt und später verurteilt werden. Auch den Mord an einer

Geschäftsfrau, deren Leiche 1996 in einem Geschäft in Haßloch gefunden wurde, lösten die Ermittler über die DNA in einer Blutspur rund elf Jahre später. Nach sogar 17 Jahren fassten die Kriminalisten den Mörder einer 16 Jahre alten Schülerin, deren Leiche 1985 in einem Gebüsch in Polch lag. Und gar 26 Jahre nach dem gewaltsamen Tod einer Schülerin in Bad Kreuznach muss sich seit Dienstag ein ehemaliger US-Soldat vor dem Landgericht in Frankfurt verantworten. Spermaspuren brachten den Ermittlungserfolg. Aber ein Allheilmittel ist die DNA-Analyse nicht, denn: Ist ein Täter nicht in der Datei erfasst, hilft ein Profil nur weiter, wenn es konkrete Verdächtige gibt. "Irgendwann haben sie Grenzen erreicht, da kommen sie nicht weiter", betont der Leitende Oberstaatsanwalt von Mainz, Klaus-Peter Mieth. "Je länger eine Tat zurückliegt, desto schwieriger wird es, weil man sich ausschließlich auf Sachbeweise stützen kann", ergänzt Lang. Zeugenaussagen seien nach so langer Zeit eher nicht mehr verwertbar. Im Bereich des Mainzer Präsidiums kommt es alljährlich zu rund 20 Tötungsdelikten - inklusive versuchter Taten. "Pro Jahr haben wir im Schnitt einen Fall, den wir zunächst nicht *lösen können", sagt Lang. Weniger als 30 noch ungelöste Kapitaldelikte lagern in den Aktenschränken in Mainz. "In einigen der Fälle gab es Verdächtige, denen wir die Tat aber nicht nachweisen konnten." Besonders problematisch sind Babyleichen, die etwa im Wald gefunden wurden. "Da haben sie einfach nichts", sagt Lang. Und dann helfen auch nicht der größte kriminalistische Spürsinn oder die feinsten DNA-Analysen. So auch im Fall der drei Sexualmorde aus den 1960er Jahren. Nach Auskunft von Oberstaatsanwalt Hans Bachmann steht zwar inzwischen fest, dass es drei verschiedene Täter waren. Von keinem findet sich jedoch das Erbgut in der Bundesdatei.*

Hintergrund Im Saarland hat es seit 1976 insgesamt 127 ungeklärte Tötungsdelikte (Mord und Totschlag) gegeben. Das sind statistisch gesehen rund vier ungeklärte Tötungsdelikte pro Jahr. 90 der insgesamt 127 Delikte waren versuchter Mord beziehungsweise versuchter Totschlag, in 37 Fällen führte dies zum Tod, wie das Landeskriminalamt auf Anfrage unserer Zeitung mitteilte. jos

https://www.saarbruecker-zeitung.de/saarland/mordfaelle-nie-aufgeklaert_aid-579011

Mord an Ulrike B. (Tödliche Nachhilfe) Ulrike fährt mit dem Fahrrad einer Nachbarin neben einer Landstraße. Sie wurde nur 14 Jahre alt. Da Ulrike nicht so gut in Mathe ist, fährt sie an diesem Abend zu einem Bekannten der Familie um Nachhilfeunterricht zu bekommen. Dabei muss Ulrike auch an einem kleinen Waldstück vorbei. Hat sie dort ihren späteren Mörder getroffen? Als sie bei dem Nachhilfebekannten reingeht, hat der gerade Besuch von zwei anderen Frauen. Es gibt dort auch gerade noch Nachtisch, doch Ulrike will dann doch mitessen. Gegen 21:30 Uhr dudelt gerade "Oh, Happy Day" von Edwin Howkins Singers, als Ulrike nach Hause fahren will. Der Bekannte bietet ihr, sie nach Hause zu fahren, doch Ulrike lehnt es ab. Sie fährt dann mit dem Fahrrad los und trifft dann irgendwann ihren Mörder. Er macht scih deshalb später schwere Vorwürfe. Neun Tage später wird Ulrikes Leiche in der Elbe gefunden. Der Mörder hat ein markantes Seil (leuchtend orange mit grünem Kennfaden) und einen schweren Stein an die Leiche gebunden. Die Ermittlungen der Polizei ergeben, das das von einer Firma stammt, die im Starkstrombau arbeitet. Filmaufnahmen wurden dann in *schwindelerregender Höhe von einem Hochspannungsmasten gedreht. Der Mitarbeiter der Firma gebt dann Auskunft über das Seil. Es muss vermutlich längere Zeit im Dunkeln gelegen haben (Kofferraum oder ähnliches). Die weiteren Ermittlungen ergeben dann auch, das der Täter Ulrike von der Elbstaustufe bei Geesthacht in die Elbe geworfen hat. Denn dort an der Brücke finden Kriminalbeamten einen Stein, wie er bei der Leiche gefunden ist. Der Stein wurde dann tatsächlich von der Kriminaltechnik bestimmt werden. Edes Zitat ; **ungeklärt***

Marlies von G. war 15 Jahre alt, als sie ermordet wurden ist. In der Küche hilft Marlies ihrer Mutter beim Geschirr abwaschen. Marlies hatte auch noch 3 weitere Geschwister und wohnt zusammen mit der Familie in Wuppertal-Ehrenfeld. Als sie fertig ist, will sie zu ihrem Freund gehen. Sie will dann am Abend um 21:00 Uhr wieder zu Hause sein. Mit der bekannten Schwebebahn kommt sie an der Haltestelle an, wo sie ihren Freund trifft. Sie *gehen dann in ein Lokal mit Spielgeräten und einer Musikbox. Sie spielen dann Tischfußball und Knobeln. Da Marlies nicht mitspielt aber später noch mitspielt, will sie dann um 19:30 Uhr zu Hause anrufen und fragen, ob sie eine halbe Stunde später kommen kann. Sie ruft dann bei ihrer Mutter, aber merkwürdigerweise bezahlt sie dann für zwei Gespräche bei der Gastwirtin. Hat sie dort vielleicht mit ihrem Mörder telefoniert. Als Marlies dann losgehen, will sie unbedingt alleine gehen. Es regnet sehr stark draußen. Traf sie sich mit jemanden, den sie kannte oder ist Marlies in eine fremdes Auto eingestiegen? Um 21:45 Uhr ist Marlies immer noch nicht zu Hause, so das sich ihre Eltern Sorgen machen. Später rufen sie dann die Polizei an und melden Marlies als vermisst. Wenige Stunden später wird Marlies ermordet und von einer Autobahnbrücke in einen Fluss bei Hagen geworfen. Am nächsten Tag wird an einer Schleuse Marlies Schuh gefunden. Am 13. März wird ihre Leiche gefunden. Feuerwehrleute bergen dann die Leiche mit einem Schlauchboot. **Leider ist dieser Fall ungeklärt geblieben** Mord an Irmhild S. (Muldenkipper-Mord); zwei Männer entdecken an einer Straße eine Leiche; es handelt sich* *dabei um die 15jährige Irmhild S.; sie wurde ermordet, sie hatte eine schwere Kopfverletzung und wurde mit einer Paketschnur erdrosselt; ihre Eltern wussten recht wenig von ihr; sie war sehr tierlieb und hatte als Haustier das Java-Äffchen Bimbo; am Tattag fährt sie zunächst mit dem Fahrrad zum Einkaufen los, unterwegs stellt sie es jedoch ab und fährt dann vermutlich per Anhalter weiter; sie wird dann in einem Zoogeschäft und in einem Textilladen zuletzt gesehen; einige Stunden später wird sie an einem unbekannten Tatort ermordet; Zeugen machen dann an einer Straße eine Beobachtung; ein Muldenkipperlastwagen behindert dort die Einfahrt; ist dieser Fahrer der Mörder? ungeklärt*

Mord an Marion B. (12 Jahre; Fischerfest-Mord); am Frühstückstisch der Familie B. fehlt die 12jährige Tochter Marion, alle denken, sie ist bei ihrer Oma. Aber als Marions Mutter sie fragt. ist sie nicht bei ihrer Oma. Daraufhin sucht ihre Mutter nach Marion. Im Radio kommt dann die Nachricht, das ein Mädchen tot aufgefunden wurden ist. Ihre Mutter geht dann zur Polizei und erfährt dort, das es ihre Tochter ist. Am Fundort fand demnach ein heftiger Kampf statt und Marion wurde wohl Opfer eines Sexualmörders. Am Vorabend wurde Marion noch in einem Festzelt in Zirndorf (Fischerfest) gesehen. Es gab dort einen Streit. Marion wird dann später gegen 20:00 Uhr noch einmal beim Fest gesehen. Dort ist dann vermutlich auf ihren Mörder gestoßen. Zeugen machen dann Beobachtungen. In einem Auto sieht ein Zeuge, wie ein Mann und ein Mädchen sieh raufen. Marion wurde dann mit einem Stein erschlagen. Schuhspuren und ein Medaillon findet die Kripo dann am Tatort. Leider ist dieser Fall bis heute **ungeklärt** geblieben.

Sabine R. war erst 15 Jahre alt. Sie war Realschülerin und es waren gerade Sommerferien. Da sie zuhause nicht unnötig rumsitzen wollte, hat sie in einer Zeitung um einen Ferienjob inseriert. Darauf hin meldete sich ein Mann bei Sabines Mutter, der ihr einen Job in einem Filmarchiv anbieten wollte. Darauf hin ist Sabine, die eine auffällige weiße Jacke trug, mit dem Bus zum Rathaus gefahren . Dort verlor sich dann ihre Spur. Zuletzt wurde sie an einer Imbissbude gesehen. Ihr Vater fährt dann zu der Adresse *der falschen Firma. Dort ruft er dann die Polizei an und erstattet eine Vermisstenanzeige. Vermutlich wurde dann Sabine am Abend dieses Tages ermordet. Ein paar Tage später findet ein LKW-Fahrer Sabines Leiche in einem Kornfeld. ungeklärt*

Mord an Gundula S. (Mord an Krankenschwester); wieder mal ein Anhaltermord; die 17jährige Gundula S. arbeitet in einem Krankenhaus in München als Schwesterschülerin beschäftigt. Ende des Jahres 1974 hat sie Urlaub. Sie verbringt ihn bei ihren Eltern. Abends geht sie dann in die Diskotheken "Rosenstüberl 3" und "Schwarze Gams" in Garmisch-Partenkirchen. Von dort aus will sie per Anhalter zurückfahren, doch sie kommt nicht an. Dann wird sie in einem Bach tot aufgefunden. Ein Mann mit seinem Hund entdeckt die Leiche. Die Polizei befragt dann die Anwohner (insbesondere eine ältere Frau, die sich alle Autokennzeichen aufschreibt). Aber ausgerechnet am Tatabend ist sie früher ins Bett gegangen mit einer Schlaftablette, so das sie nicht mitbekam, mit wem Gundula gefahren ist. ungeklärt

*https://www.wikixy.de/
Morde_an_Kindern_und_Jugendlichen#1960er_Jahre*

Der Mord an Tristan Brübach schockierte Frankfurt im März 1998. Der Junge wurde verstümmelt gefunden - doch eine Spur zu seinem Mörder hat sich bis heute nicht aufgetan.

Als Tristan Brübach tot am Liederbachtunnel am Höchster Bahnhof gefunden wurde, war es ein Mordfall, der weit über die Grenzen Frankfurts Menschen aufrüttelte. Spielende Kinder hatten am späten Nachmittag des 26. März 1998 die verstümmelte Leiche des 13 Jahre alten Jungen gefunden.

Es schien fast, als hätte der Mörder Tristan dort präsentiert. Nicht einmal eine Stunde zuvor war der 13-Jährige noch lebend gesehen worden, auf einer Bank am Höchster Bahnhof. Der Täter ist bis heute unbekannt. Es war das schreckliche Ende eines kurzen Lebens.

Auf den Fotos der Flyer mit den Zeugengesuchen der Polizei blickte den Menschen ein blonder Junge mit leicht trotzigem Gesichtsausdruck entgegen. Tristan war oft allein unterwegs - die Mutter war früh gestorben, der Vater zog ihn allein auf.

Auch neue Techniken führten zu keinem Erfolg 25 Jahre später sind die meisten Spuren kalt geworden. Versuchte zunächst eine große

Sonderkommission, den Fall aufzuklären, ging zuletzt nur noch ein Ermittler Hinweisen nach, die etwa im Zusammenhang mit anderen Kriminalfällen geprüft wurden. "Tatsächlich ist der letzte Kollege, der den Fall von Anfang an kennt, in Pension", sagt Thomas Hollerbach, Pressesprecher im Frankfurter Polizeipräsidium.

"Die bisher erlangten Ermittlungsansätze wurden nach den derzeitigen Möglichkeiten der Kriminaltaktik und -technik ausgeschöpft. Wir gehen jedoch selbstverständlich weiterhin jedem Hinweis nach, der zur Tataufklärung beitragen könnte", versichert Hollerbach. Dabei würden auch neueste und modernste kriminaltechnische Möglichkeiten eingesetzt. "Bislang war dies jedoch erfolglos", sagt Hollerbach.

BKA-Fahndung weiter online

Auch nach 25 Jahren nach Tristans Tod sind wichtige Fragen weiter offen. Da ist zum einen ein mit Tristans Blut gelegter Fingerabdruck, eine der wichtigsten Spuren dieses Falles. Er wird in regelmäßigen Abständen mit vorhandenen Daten abgeglichen - bisher ohne Erfolg. Zudem ist ungeklärt, wer nach der Tat im Besitz von Tristans Rucksack war, der erst im März 1999 gefunden wurde.

Noch immer steht der Fahndungsaufruf des Bundeskriminalamts (BKA) zum Fall Tristan online - aktualisiert wurde er allerdings zuletzt im Jahr 2015, wie auf der Website zu lesen ist. Auch das Phantombild eines unbekannten Mannes im Alter von damals 20 bis 30 Jahren kursiert noch. Mehrere Zeugen hatten den Mann mit dem Jungen gesehen - identifiziert wurde er bislang nicht.

Verdächtige, gegen die im Zusammenhang mit anderen Straftaten ermittelt wurde, wurden im Zusammenhang mit dem Mord an dem 13-Jährigen überprüft. So etwa ein mutmaßlicher Serienmörder - bislang vergeblich.

Cold Cases Unit geht Hinweisen nach

Erst vor drei Jahren prüften die Ermittler einen weiteren neuen Ansatz, sagt Nadja Niesen, Sprecherin der Frankfurter Staatsanwaltschaft: Sie seien dem Verdacht nachgegangen, ob Christian B., gegen den im "Fall Maddie" ermittelt wurde, der Täter im "Fall Tristan" sein könnte. "Es ergab sich jedoch kein konkreter Tatverdacht", sagt Niesen.

Das zuletzt mit dem Fall befasste Kommissariat K11, CCU (Cold Cases Unit), des

Polizeipräsidiums Frankfurt geht weiter Hinweisen nach - wenn es sie denn gibt. "Erfolgversprechende Hinweise hat es zuletzt aber nicht mehr gegeben, und eine Tataufklärung wird natürlich mit zunehmendem Zeitablauf immer schwieriger", räumt Niesen ein. Resonanz gebe es aber immer, wenn wieder einmal über den Fall in den Medien oder sogenannten True-Crime-Podcasts berichtet werde, sagt die Staatsanwältin. Insgesamt gingen mehr als 23.000 Hinweise ein. In Internetforen diskutieren Hobby-Ermittler über ihre eigenen Theorien - auch heute noch. Der Mordfall Tristan gibt vielen keine Ruhe. Zudem gibt es eine Website und Facebook-Seite von Privatleuten, die Tristan Brübach vor dem Vergessen bewahren wollen. Auf dem Friedhof Höchst erinnert dank der privaten Initiative seit 2018 ein kleines, einem Grab nachempfundenes Denkmal an den Jungen. Tristans Grab wurde mittlerweile wie das umgebende Gräberfeld eingeebnet. Das Grabkreuz und ein steinernes Herz, das auf dem ursprünglichen Grab standen, sollen nun an der Gedenkstätte an ihn erinnern. Die Aufschrift ist schlicht: "Tristan - geboren 1984 - ermordet 1998".

https://www.hessenschau.de/panorama/mord-an-13-jaehrigem-in-frankfurt-fall-tristan-auch-nach-25-jahren-ungeloest-v1,tristan-bruebach-106.html

Vor 23 Jahren wurde die elfjährige Claudia Ruf aus Hemmerden ermordet. Die Ermittler setzen nun auf einen neuen Massengentest. Er könnte auch in hunderten anderen Mordfällen neue Erkenntnisse liefern.

Hemmerden vergisst nicht. Rund 2500 Menschen leben in der kleinen Ortschaft der Stadt Grevenbroich im Rhein-Kreis Neuss. Und auch wenn der Mord an der damals elfjährigen Claudia Ruf bereits 24 Jahre her ist, in den Tagen vor Weihnachten des vergangenen Jahres schien es, als sei er gerade erst passiert. Vor der Kirche schmücken die Männer des Heimatvereins den Platz mit Tannenzweigen, sie hängen Lichterketten auf. Es ist eigentlich ein ganz normaler Samstag in der Vorweihnachtszeit, wenn nicht Reporter Kameras aufgebaut hätten. Wenn sich vor der Grundschule nicht eine Menschentraube gebildet hätte, meist mittelalte Männer, die ein Schreiben der Polizei mit sich führen. Eine Einladung zur DNA-Reihenuntersuchung.

1.900 Personen sind dazu aufgerufen, ihre Speichelprobe abzugeben

65

Männer, die 1996 zwischen 14 und 70 Jahren alt waren. Bundesweit wird hier in Hemmerden erstmals eine Methode angewandt, die auch »DNA-Beinahetreffer« bis zum dritten Verwandtschaftsgrad möglich macht. Die gesetzliche Grundlage ist eine Änderung der Strafprozessordnung. Für die Ermittler bedeutet dies einen neuen Ansatz. Für die Menschen in Hemmerden Hoffnung. Und für die Angehörigen von Claudia Ruf?

In einem Video hat sich der Vater des Mädchens zum ersten Mal seit dem Verschwinden seiner Tochter an die Öffentlichkeit gewandt. »Es kann ja nicht sein, dass einfach jemand ein Kind umbringt und letztlich eine Familie zerstört. Es geht mir nicht um Rache – es geht mir um Gerechtigkeit«, sagte er in dem Video, das der WDR ausgestrahlt hat. Friedhelm Ruf appellierte, an der Untersuchung teilzunehmen, er brauche Gewissheit.

Vermutlich könne er auch dann nicht damit abschließen, aber »natürlich will man wissen, was war. Denn: Claudia wäre heute über 30, ich wäre vielleicht schon Opa. Und das ist alles zerstört worden«, sagte Ruf. Zur Aufnahme des Fernsehappells begleiteten ihn Beamte des Landeskriminalamtes, als moralische Unterstützung, wie er sagte. In den Jahren seit dem Mord ist der Kontakt zwischen der Polizei und Friedhelm Ruf nie abgerissen. Von einer allerletzten Chance sprechen die Ermittler, und die wollen sie nutzen. Trotz des großen Aufwands, trotz der Arbeit, die solch ein Fall mit sich bringt, diese neue Chance setzt auch neue Kräfte frei. Das ist bei allen Beteiligten spürbar, besonders bei den Polizistinnen und Polizisten, bei denen, die sich neu mit dem Fall beschäftigen und natürlich erst recht bei denen, die der Tod des Mädchens seit Jahren nicht loslässt.

Die "operative Fallanalyse" im LKA

Andreas Müller, Leiter der operativen Fallanalyse im Landeskriminalamt, zum

Beispiel: Müller und sein Team haben den Mordfall neu bewertet, analysiert, geprüft und schließlich sind sie zu der Überzeugung gelangt, dass die neuen gesetzlichen und technischen Möglichkeiten den Aufwand eines Massen-Gentests rechtfertigen. Müller ist ein nüchterner Analyst, geduldig, gewissenhaft, unprätentiös. Gerne hätten die zahlreichen Reporter, die in diesem Tagen über den Fall Claudia Ruf berichteten, daraus eine persönliche Geschichte gemacht: Müller, der verbissene Ermittler, den dieser Fall nicht loslässt, der »Chef-Profiler« des Landes in seiner höchstpersönlichen Mission, sowas in der Art. Es liegt nahe, diesen Fall so zu erzählen, denn Müller war einer der Polizisten, der auf jenem Feld in der Nähe von Euskirchen war, nachdem ein Jogger die Leiche der elfjährigen Claudia zwei Tage nach ihrem Verschwinden gefunden hatte. Doch die Realität ist eben kein Kriminalroman.

Redet man mit Müller über den Fall Claudia Ruf und die operative Fallanalyse im LKA geht es um Methodik, Wahrscheinlichkeiten und wissenschaftliche Ansätze. Müller sieht sich und sein neunköpfiges Team als Berater. »Man braucht einen gewissen Abstand, um diese Arbeit zu machen«, sagt er. Dass er damals in der zuständigen Mordkommission der Polizei Bonn arbeitete, als es nicht gelang, den Mörder und Vergewaltiger von Claudia Ruf zu ermitteln, tut heute nichts mehr zur Sache.

Rückblick

Die Zeiten damals waren anders. Begonnen haben die Ermittlungen mit der Suche nach Claudia am 11. Mai 1996. Die Elfjährige war von einem Spaziergang mit dem Hund eines Nachbarn gegen 18 Uhr nicht zurückgekehrt. Der Hund hatte gegen 18.50 Uhr alleine nach Hause gefunden, war verstört, als sei er schlecht behandelt worden, erzählen die Ermittler. Mehr als 100 Polizisten machten sich in Hemmerden auf den umliegenden Feldern und in den Wäldern auf die Suche nach dem

Mädchen. Claudias Eltern, Nachbarn und viele weitere Bewohner Hemmerdens beteiligten sich an der Aktion, die bis in die tiefe Nacht dauerte. Als am frühen nächsten Morgen noch immer jede Spur von Claudia fehlte, wurde die Hundertschaft der Polizei hinzugezogen. Doch Claudia blieb vermisst. Am 13. Mai schließlich wurde die Leiche des Kindes auf einem Feld bei Euskirchen-Oberwichterich entdeckt. Der Täter hatte sie mit Benzin übergossen und angezündet. Nun wurde die Umgebung des Fundortes nach Spuren abgesucht. Auch die Öffentlichkeit wurde über den Mordfall auf dem Laufenden gehalten.

Immer wieder kam es zu Informationen aus der Bevölkerung. Immer mehr Informationen, immer mehr Hinweise, denen die Ermittler nachgingen. Sie zogen einer Schaufensterpuppe die zum Zeitpunkt der Entführung getragene Kleidung des Mädchens an. Am Kopf der Puppe wurde ein Foto befestigt. Die Bilder wurden in den Zeitungen veröffentlicht, Plakate davon hingen vor öffentlichen Gebäuden, in

Bussen und Bahnen. Flugblätter erschienen in Wochenzeitungen, Polizistinnen und Polizisten liefen von Haus zu Haus und verteilten sie. Zum ersten Mal wurde von der Polizei eine Webseite zu dem Fall angelegt. Im Juli 1997 wurde der Fall bei »Aktenzeichen xy... ungelöst« vorgestellt. Es gab weitere Hinweise, und am Ende hatte die Akte »Claudia Ruf« 140.000 Seiten in 96 Aktenordnern. Man kam nicht weiter, der Fall wurde kalt. Ein »Cold Case«, der keine Ermittlungsansätze mehr bot.

Und doch gingen die Ermittlungen weiter. »Über die Jahre haben wir immer versucht, die Spurenlage weiter zu verbessern. Dies ist uns dann auch schließlich 2008 gelungen, indem wir erstmals tatrelevante DNA am Körper von Claudia gefunden haben«, sagt der Leiter der Bonner Mordkommission, Reinhold Jordan. Auch damals waren die Ermittler elektrisiert. 350 Personen, deren Namen in den Akten auftauchen, wurden zur Speichelprobe gebeten. Aber es gab keinen Treffer. Neun Jahre später wurden über einen DNA-

71

Reihenuntersuchungsbeschluss nochmal alle Personen, die im Großraum Euskirchen und Grevenbroich wohnten und die als Sexualstraftäter in Erscheinung getreten sind, überprüft. Es ging um 120 Personen, die eine Speichelprobe abgaben, doch auch diese Untersuchung verlief negativ.

Aktuelle Ermittlungsarbeit

»Nun haben wir es durch weitere verfeinerte Methoden bei der DNA-Untersuchung geschafft, eine neue DNA-Reihenuntersuchung anzustreben. Wir suchen jetzt im Bereich Grevenbroich-Hemmerden einen örtlichen Täter«, sagt Jordan. Denn er und die Spezialisten der operativen Fallanalyse im LKA um Andreas Müller sind sich sicher, dass der Täter aus Hemmerden kommt oder einen starken Bezug zu dem Ort hatte. »Denkbar ist, dass Claudia bei dem Spaziergang den Täter traf, an seinem Haus vorbeigekommen ist und der Täter sie vielleicht mit einem Leckerli für

den Hund angelockt hat. Vielleicht hat der Täter sie auch in einen nahegelegenen Raum gebracht und sie dort am gleichen Abend noch getötet«, so Jordan. Die neue Reihenuntersuchung richtet sich nach Paragraph 81h der Strafprozessordnung. Die Voraussetzungen dafür: Es muss sich um eine schwere Straftat handeln.

»Dann müssen wir Prüfungsmerkmale festlegen, das basiert hier vorliegend auf den Ergebnissen und den neuen Erkenntnissen der operativen Fallanalyse des Landeskriminalamtes. Das kann zum Beispiel das Geschlecht des Täters oder das Alter betreffen oder eine örtliche Bindung zum Tatort oder ›Sonstiges‹ «, sagt Oberstaatsanwältin Carola Guddat. Mittels einer Rasterfahndung auf Basis der Paragraphen 98 a und b der Strafprozessordnung werden die zu überprüfenden Personen mit Hilfe der Daten verschiedener Behörden festgelegt. Die werden dann eingeladen, um eine Speichelprobe abzugeben. *Die DNA-Muster werden mit den Spuren, die sichergestellt wurden, abgeglichen.*

»Es ist nun so, dass männliche DNA vom Körper der Claudia isoliert und typisiert werden konnte. Spurenkundlich ist diese DNA als tatrelevant einzustufen«, sagt DNA-Experte Dirk Porstendörfer vom LKA. Die Änderung des Paragraphen 81h Strafprozessordnung ermöglicht jetzt nicht nur den direkten Abgleich einer Person mit einer Spur auf Identität, sondern es ist nun auch möglich, festzustellen, »ob diese Person in einem engen genetischen verwandtschaftlichen Verhältnis zum unbekannten Spurenleger steht«, so Porstendörfer.

"Cold Case": Mord verjährt nicht

Für die »Cold Case«-Einheit beim LKA ist das nicht weniger als ein Quantensprung, sagt Andreas Müller. Der Grundsatz »Mord verjährt nicht« bekommt durch diese neue Möglichkeit noch einmal eine ganz neue Kraft. Der Fall

Claudia Ruf ist nur der Anfang für eine ganze Reihe von Fällen, bei denen die Ermittlungen zum Stillstand gekommen sind und die nun wieder aufgenommen wurden und eventuell geklärt werden könnten. Die Einheit im LKA startete 2017. Vorrangiges Ziel war der Aufbau einer Datenbank mit den ungeklärten Tötungsdelikten der Jahre 1970 bis 2015. Bislang wurden in diesem Zeitraum 1.105 ungeklärte Tötungsdelikte identifiziert. Die sollten dahingehend geprüft werden, ob es sich lohnt, sie noch einmal aufzurollen, insbesondere im Bereich noch ausstehender oder modernerer kriminaltechnischer Untersuchungsmethoden. Die erkannten Ermittlungsansätze werden den Kriminalhauptstellen in einem standardisierten Anschreiben sukzessive zurückgemeldet. Die Fälle sind nach Art der vorliegenden Ermittlungsansätze kategorisiert und nach Aufklärungschancen, Ressourcenaufwand, Öffentlichkeitswirkung und Verjährungsfristen priorisiert.

Von den 484 identifizierten »Cold Cases« aus dem Zeitraum 1990 bis 2015 (Phase 1) wurden durch die Kriminalhauptstellen bislang 318 Fälle bereitgestellt. Bei weiteren 84 Fällen wurde die Bereitstellung aus unterschiedlichen Gründen abgelehnt oder war nicht mehr möglich, weil in der Zwischenzeit die Tat geklärt wurde.

Von diesen 318 Fällen konnten durch die operative Fallanalyse bisher 181 Fälle qualitätsgeprüft in die Datenbank überführt werden. 174 Fälle wurden auf mögliche Ermittlungsansätze hin geprüft, kategorisiert und priorisiert. In 89 »Cold Cases« (51,14 Prozent) konnten Ermittlungs- und kriminaltechnische Untersuchungsansätze erkannt werden, die zur Klärung der bislang ungeklärten Tötungsdelikte führen könnten. Der Mord an Claudia Ruf ist nur einer dieser Fälle.

Massengentest in Hemmerden

Der Andrang in der Grundschule von Hemmerden war groß. Rund 1.000 Männer, die ins Raster fallen, gaben ihre Speichelprobe ab. Insgesamt gingen inzwischen rund 1.300 Proben zum LKA und wurden dort untersucht. Rund 600 Proben stehen noch aus. Von Männern, die seit 1996 verstorben sind, die wegzogen oder die der Einladung nicht folgten. Sie stehen nun im Fokus der Ermittlungen. »Die Männer, die trotz Einladung nicht zu den Terminen in der Grundschule erschienen sind, werden durch die Beamtinnen und Beamten aufgesucht. Männer, die inzwischen an anderen Orten in Deutschland oder im Ausland leben, werden über die örtlich zuständigen Polizeibehörden oder die Ermittlungsteams der Mordkommission kontaktiert und vor Ort um Abgabe einer Speichelprobe gebeten. Außerdem werden wir die Verwandten der Verstorbenen aufsuchen«, erklärt Jordan die weitere Vorgehensweise. Dass der Treffer noch nicht dabei war, ist nicht ungewöhnlich. Man braucht Geduld im Fall Claudia Ruf.

Ein Ergebnis steht jedoch jetzt schon fest: Die Polizei hat in den vergangenen Wochen eine große Unterstützung durch die Bevölkerung erfahren, was auch an der Transparenz und dem Einsatz der Beamten gelegen hat. So waren Polizistinnen und Polizisten im Ort unterwegs, um Broschüren zu verteilen. Das LKA hat einen Film produziert, der den Menschen genau erklärt, was mit ihrer Probe passiert und zum Beispiel deutlich machte, dass sie nur für diesen Fall verwendet wird. Auf dem Kirchplatz stand eine mobile Wache, an die die Menschen in Hemmerden sich mit ihren Fragen wenden konnten. Presse, Funk und Fernsehen wurden im Vorfeld informiert und ständig auf dem Laufenden gehalten. Wir wissen, dass wir hier alte Wunden wieder aufreißen, doch wir würden es nicht machen, wenn wir nicht die Chance sähen, diesen Fall doch noch aufzuklären, hieß es. Und die Menschen vertrauten den Behörden.

So hatte sich ein paar Tage vor der Aktion eine Initiative der Vereine von Hemmerden gebildet. Wie motivieren wir die Menschen, die Polizei bei ihrem Vorhaben zu unterstützen, fragten sich die Leute, wie schaffen wir es, dass dieses Verbrechen vielleicht doch noch aufgeklärt wird? Sie haben sich dazu entschlossen, ein großes Banner an der Kirche aufzuhängen, um die Menschen aufzurütteln, um sie daran zu erinnern, dass etwas Furchtbares hier passiert ist, etwas, das diesen Ort verändert hat. Etwas, das nicht aufgeklärt, nicht gesühnt ist, das weiterhin im Dunkeln liegt. Ein Kind wurde ermordet. Die Polizei ermittelt wieder. Es gibt eine Chance. Für Hemmerden und für die Ermittler, und die muss genutzt werden.

https://polizei.nrw/artikel/demhttps://polizei.nrw/artikel/dem-moerder-auf-der-spur-der-fall-claudia-ruf-moerder-auf-der-spur-der-fall-claudia-ruf Aufruf 04/23

Rudolf Pleil

Rudolf Pleil, genannt Der Totmacher (* 7. Juli 1924 in Kühberg bei Bärenstein, Erzgebirge; † 16. Februar 1958 in Celle), war ein deutscher Serienmörder, der mindestens 10, nach eigenen Angaben 25 Morde verübte. Er war der Haupttäter einer Mordserie in den Jahren 1946/1947, die vor allem im Zonenrandgebiet im Harz stattfand.

Kindheit und Jugend

Pleil wurde in einem Dorf im sächsischen Erzgebirge geboren, das nahe an der Grenze zur damaligen Tschechoslowakei lag. Sein Vater war ein Industriearbeiter und Kommunist. Nach der Machtergreifung durch die Nationalsozialisten wurde er verhaftet und siedelte anschließend mit seiner Familie in den benachbarten tschechischen Ort Weipert über. Im Alter von neun Jahren musste Pleil seine

Eltern durch Grenzschmuggel unterstützen und wurde deswegen mehrfach verhaftet. Er besuchte die Schule nicht regelmäßig, da er für die arbeitslosen Eltern und seine Schwester Geld verdienen musste. Sein Bruder war früh verstorben und seine ältere Schwester wurde wegen ihrer Epilepsie aufgrund eines NS-Gesetzes zwangssterilisiert. Im Alter von dreizehn Jahren hatte er seine ersten sexuellen Erlebnisse mit einer Prostituierten.

Im Jahr 1939 verließ er mit fünfzehn Jahren sein Zuhause und begann eine Lehre als Fleischer, die er nach wenigen Wochen abbrach. Er verdingte sich als Schiffsjunge auf Frachtkähnen auf Elbe und Oder. Auch hier betrieb er nebenher kleinere, illegale Geschäfte. Im Sommer 1939 heuerte er als Maschinenjunge auf einem Handelsschiff nach Südamerika an. Nach Beginn des Zweiten Weltkriegs kam er zur Kriegsmarine, wurde dort wegen Diebstahls zu einem Jahr Gefängnis verurteilt. Am 26. Oktober 1943 wurde er für den Dienst als untauglich befunden, da er an epileptischen Anfällen litt. Nach der Entlassung arbeitete er als Kellner, litt aber weiterhin an Anfällen, weswegen er, nach einem ärztlichen Gutachten, ebenfalls zwangssterilisiert werden sollte. Ein Bombenangriff zerstörte wenige Tage vor dem geplanten Termin den Operationssaal. Pleil hatte vorher bereits ein uneheliches Kind gezeugt, das von seiner Schwester in Pflege genommen wurde.

Die mutmaßlichen Morde

Pleil wurde Koch in einem Arbeiterlager, wo er Katzen tötete und verspeiste. Nach dem Einmarsch der Roten Armee wurde er als Hilfspolizist in seinem Heimatdorf eingestellt. In dieser Zeit verspürte er Lust beim Töten, als er während eines Einsatzes bei einer Plünderung einen sowjetischen Soldaten anschoss und dessen blutende Wunde versorgen wollte. Pleil heiratete eine junge Frau, die von ihm ein Kind erwartete. Er stellte schnell fest, dass diese seinen Trieb nicht zu befriedigen vermochte, und begann des Nachts Frauen zu überfallen und zu bedrängen. Er gab zu, schon 1945 einige Morde begangen zu haben, was jedoch nicht nachgewiesen werden konnte. Danach arbeitete er als Handelsvertreter und machte wiederum nebenbei seine eigenen kleinen Geschäfte, was schließlich zu seiner Entlassung führte. 1946 siedelte er von Zöblitz nach Zorge im Südharz um.

Zwischen 1946 und 1947 arbeitete Pleil als Grenzgänger im Harz und half zahlenden Personen, meist Frauen, die Grenze illegal zwischen Ost und West zu passieren. In diesen beiden Jahren erschlug und missbrauchte er zusammen mit seinen beiden Komplizen Karl Hoffmann und Konrad Schüßler mindestens zwölf Frauen. Am 18. April 1947 wurde Pleil nach dem Raubmord an dem Hamburger Kaufmann Hermann Bennen verhaftet, dessen Leiche, von Axthieben zerstückelt, im Zorgebach gefunden wurde.

Die Frauenmorde

Von 1945 bis 1950 wurden 13 Polizisten im Grenzgebiet dieser Region ermordet, was dazu führte, dass die Polizei nur noch in Gruppen auf Streife ging. Grenzgängern wie Pleil und seinen beiden Komplizen fiel es daher nicht schwer, den Kontrollen zu entgehen, zumal die Zuständigkeit der Polizei an der Zonengrenze endete und deren Verlauf nicht klar erkennbar war. Hinzu kam, dass die einzelnen Polizeiorgane wie Kriminalpolizei und Schutzpolizei nicht sehr effizient zusammenarbeiteten. So kam es bei den Ermittlungen zu den Frauenmorden im Grenzgebiet zu einer schwerwiegenden Ermittlungspanne, als ein Schutzpolizist aus Vienenburg der Kriminalpolizei in der Braunschweiger Humboldtstraße meldete, dass in einem dortigen Brunnen Leichenteile gefunden wurden. In besagtem Brunnen befanden sich tatsächlich die Leichen zweier Frauen, die Pleil getötet hatte. Da diesem Hinweis keine Beachtung geschenkt wurde, fielen Pleil und seinen Komplizen bis zu seiner

Verhaftung mindestens drei weitere Frauen zum Opfer. Erst als sich Pleil im Gefängnis in Celle als Henker bewarb und dort damit prahlte, dass er Erfahrungen auf dem Gebiet des Tötens habe und zwei seiner Opfer im Vienenburger Brunnen zu finden seien, wurde er mit den Morden an den Frauen im Grenzgebiet in Zusammenhang gebracht.

Verurteilt wurde Pleil letztendlich für diese Taten:

1946

- *Am 19. Juli missbrauchte und tötete er eine etwa 25-jährige Frau im Wald zwischen Walkenried und Ellrich am Rande des Südharzes. Als Mordwerkzeug benutzte er einen Hammer.*
- *Am 19. August lockten Pleil und sein Komplize Karl Hoffmann eine 25-jährige Frau im oberfränkischen Grenzort Hof auf das Gelände des Güterbahnhofs. Hoffmann zertrümmerte*

ihr mit seinem Messer den Kopf, während Pleil sie schändete. Anschließend durchtrennte ihr Hoffmann die Kehle.

- Am 2. September begegnete den beiden am Grenzübergang Bergen eine 25-jährige Frau. Pleil erschlug sie mit einem Feldstein und verging sich an ihr. Hoffmann verscharrte die Leiche im Wald.

- Mitte September trafen sie eine 25-jährige Schwarzhändlerin. Von Trappstadt aus gingen sie gemeinsam in Richtung Zonengrenze. Im Wald tötete Hoffmann die Frau und raubte sie aus. Anschließend schnitt er ihr den Kopf ab.

- Ende November bot sich Pleil einer jungen Frau als Führer an, um sie über die Grenze zu schleusen. Im Wald zwischen Ellrich und Walkenried nahe dem Areal des früheren KZ-Außenlagers Ellrich-Juliushütte erlitt er stark alkoholisiert einen epileptischen Anfall.

Als er wieder zu sich kam, lag das Mädchen erschlagen neben ihm.

- *Am 12. Dezember raubten Pleil und Schüßler bei Nordhausen eine 55-jährige Witwe aus und schlugen mit Knüppeln auf sie ein. Die Frau überlebte diese Attacke, da die beiden es lediglich auf ihre Schnapsvorräte abgesehen hatten. Später war sie eine Belastungszeugin im Prozess.*

- *Am 14. Dezember tötete Pleil im Bahnwärterhäuschen von Vienenburg im Beisein von Konrad Schüßler eine 37-jährige Frau und warf die Leiche in einen Brunnen. Fünf Tage später fiel ihm dort eine 44-jährige Witwe zum Opfer, die er ebenfalls in den Brunnen warf.*

1947

- *Am 16. Januar boten Pleil und Hoffmann einer 20-jährigen Frau an, sie in die Ostzone zu führen. Pleil erschlug sie in der Nähe der Straße, die*

87

zwischen Abbenrode und Stapelburg verläuft. Die geschändete Leiche wurde anschließend in einen Bach geworfen.

- Mitte Februar erschlug Pleil in einem Wald bei Dudersieben eine 49-jährige Frau und Hoffmann raubte sie aus.
- Anfang März begingen Pleil und Hoffmann in der Nähe von Zorge innerhalb der sowjetisch besetzten Zone einen weiteren Frauenmord. Hoffmann tötete die unbekannte junge Frau mit seinem Messer und trennte ihr anschließend den Kopf ab. Dieser wurde später im britischen Sektor aufgefunden.

Der Beginn des Prozesses vor dem Landgericht Braunschweig wurde auf den 31. Oktober 1950 festgesetzt.[4] Zuvor war Pleil bereits vom Landgericht Braunschweig wegen Totschlags zu 12 Jahren Haft verurteilt worden.

Hintergründe zur Verhaftung

Die häufigsten Hinweise auf Rudolf Pleil kamen aus dem Harz, aber auch in anderen

Regionen wusste man noch von ihm und machte auf seine Person aufmerksam. Eine Einwohnerin aus Hof in Oberfranken, die in den 1940er Jahren eine kleine Pension für Heimkehrer unterhielt und über die Zustände an der Grenze unterrichtet war, meinte sich noch eindrücklich an ihn erinnern zu können.

Pleils Verhaftung erfolgte zunächst nicht wegen der Frauenmorde, sondern weil er im Streit auf einem Grenzgang den Kaufmann Hermann Bennen mit einem Beil erschlagen hatte. Bennen war sein zweites männliches Mordopfer. Das Gericht wertete Pleils Tat nur als Totschlag, da er zum Tatzeitpunkt stark angetrunken war. Wäre er des Mordes für schuldig befunden worden, hätte ihm die Todesstrafe gedroht. Die übrigen Verbrechen blieben unaufgeklärt, wofür ein oberflächliches Vorgehen von Polizei und Justizbehörden mitverantwortlich war. Dass viele der Opfer nicht aus der Gegend stammten, kommt hinzu. Es handelte sich oft um Menschen, die infolge des Krieges und der Nachkriegszustände entwurzelt waren. In der Haft in Celle bezichtigte Pleil sich schließlich selbst der weiteren Morde. In einem Memoirenheft mit dem Titel Mein Kampf breitete er die grauenhaften Einzelheiten prahlerisch aus. Pleil behauptete, insgesamt 25 Morde begangen zu haben und damit einen mehr als Fritz Haarmann, um sich als „größter Totmacher" überhaupt bezeichnen zu können.

Die Mittäter

- *Karl Hoffmann, 1913 in Hausdorf geboren, war Nadelsetzer von Beruf. Er galt als brutal, gefühllos und tötete, um an Diebesgut zu gelangen. Er verstarb 1976 im Gefängnis.*
- *Konrad Schüßler aus Leukersdorf im Erzgebirge war Fleischer, zur Tatzeit 18 Jahre alt und wurde Ende der 1970er Jahre begnadigt. Der Prozess gegen Rudolf Pleil und seine beiden Mittäter Karl Hoffmann und Konrad Schüßler in*

Braunschweig wurde im In- und Ausland von der Presse verfolgt. Ausländische Zeitungen schickten Reporter. Pleil genoss die Aufmerksamkeit um seine Person und versuchte, sich so oft wie möglich in den Mittelpunkt zu stellen. Bei seinen Ausführungen vor Gericht übertrieb er schamlos, was entsprechende Presseberichte zur Folge hatte. Lächelnd gestand Pleil im sogenannten „Braunschweiger Prozess" zahlreiche Morde an Frauen. Er prahlte, insgesamt 40 Morde begangen zu haben. Pleil wurde als mordende Bestie dargestellt. Er selbst spekulierte darauf, dadurch als geisteskrank eingestuft zu werden. Dann wäre er nicht zu einer Freiheitsstrafe verurteilt worden, sondern wäre, seiner Annahme zufolge, in die Psychiatrie gekommen. Diese Prozesstaktik ging nicht auf, drei Wochen nach Beginn des Prozesses, am 17. November 1950, wurden Pleil und seine beiden Mittäter jeweils wegen mehrfachen Mordes zu lebenslanger Haft verurteilt. Pleil erhängte sich am 16. Februar 1958 in seiner Zelle,

https://de.wikipedia.org/wiki/Rudolf_Pleil
„CC-by-sa 3.0

Karl Denke: Der Kannibale von Münsterberg
Am 11. Februar 1860 wurde der spätere Serienmörder Karl Denke in Ober Kunzendorf, im heutigen Polen, geboren. 1880 zog es ihn in die Stadt Münsterberg, wo er in der Teichstraße 10 lebte und auch über 20 Jahre seine Taten beging. Denke galt bei seinen Mitbürgern als guter Christ und half sogar zwischen 1893 und 1895 bei verschiedenen kirchlichen Aktivitäten mit. Ab 1906 zahlte er jedoch keine Kirchensteuern mehr und betrachtete sich als ausgetreten. Sein erstes Opfer, Ida Launer, ermordete Denke laut eigenen Aufzeichnungen am 21. Februar 1903. Es folgten 41 andere in den folgenden Jahren.

Bei seinen Opfern handelte es sich meist um Landstreicher, denen er eine warme Mahlzeit anbot. Der Letzte, den Denke umbrachte, war Kaspar Hubalek, am 20. April 1924. Danach attackierte er Vincenz Olivier, der schwer verletzt fliehen konnte. Als er von Denkes brutalem Übergriff berichtete, glaubten ihm die Einwohner nicht. Letztlich wurden aber sowohl Olivier als auch der Serienmörder festgenommen. Die Nachbarn protestierten lautstark.

Als Denke am nächsten Tag zu einem Verhör aus seiner Zelle geholt werden sollte, fanden die Beamten ihn erhängt. Eine Untersuchung seiner Wohnung brachte Schreckliches hervor: **Denke hatte mindestens 42 Menschen getötet, verarbeitet, gegessen und Teile ihres Fleisches auf dem Breslauer Wochenmarkt verkauft.** *Aus ihrer Haut machte er sich Schnürsenkel und Hosenträger.*

Als Sohn eines Bergmanns und als sechstes von neun Geschwistern wurde Joachim Kroll in Oberschlesien geboren. Er galt stets als Schwächling und war Bettnässer. Als er wegen eines Mini-Deliktes festgenommen wurde, machten die Polizisten einen Intelligenztest und wiesen nach, dass Joachim Kroll: Der Ruhrkannibaleer einen IQ von 76, also unter dem Durchschnitt, hatte. Bereits als Kind fing der spätere Serienmörder an, sich an geschlachteten Tieren zu vergehen. 1955, mit 22 Jahren, begann Kroll schließlich zu morden. Als Auslöser wird der Tod seiner Mutter vermutet.

In den 60er Jahren verübte Kroll mehrere Übergriffe und verletzte dabei unter anderem ein elfjähriges Mädchen, das er bis zur Bewusstlosigkeit würgte. Das Kind überlebte, andere hatten weniger Glück. Kroll tötete eine Frau im Försterbusch Park nahe Marl. Ihr Freund beging Selbstmord, nachdem man ihn fälschlicherweise verdächtigt hatte. Im Dezember 1966 vergewaltigte er eine

Fünfjährige und ertränkte sie anschließend in einem Wuppertaler See. Am 3. Juli 1976 ermordete er ein vier Jahre altes Mädchen. Teile ihres Körpers befanden sich in einem Kochtopf, als Kroll festgenommen wurde. **1982 wurde einer der schlimmsten Serienmörder Deutschlands zu lebenslanger Haft verurteilt.** *Er verstarb noch während seiner Gefangenschaft in der JVA Rheinbach an einem Herzinfarkt.*

Adolf Seefeldt: Onkel Tick-Tack

Der Uhrmacher Adolf Seefeldt ging als Onkel Tick-Tack in die Geschichte der schlimmsten Serienmörder Deutschlands ein. Er missbrauchte und ermordete zwischen 1933 und 1935 vor allem in Mecklenburg-Vorpommern 19 Jungen. Diese trugen alle die damals modischen Matrosenanzüge und wurden ohne Anzeichen von äußerlicher Gewaltanwendung, friedlich schlafend aufgefunden. Es wird noch heute darüber spekuliert, ob Seefeldt selbst hergestelltes Gift zur Tötung verwendete.

*Seefeldt soll selbst im Alter von 12 Jahren von zwei Männern missbraucht worden sein. Er saß bereits mit 25 Jahren erstmals wegen sexueller Belästigung eines Jungen im Gefängnis. Psychiater schrieben ihm Schwachsinnigkeit zu, weshalb er die meiste Zeit seines Lebens in Irrenanstalten und Gefängnissen zubrachte. Offenbar konnten ihm nur wenige Morde nachgewiesen werden. **Die Ermittlungsbehörden gingen aber davon aus,*** *dass die tatsächliche Opferzahl weit höher lag und die Mordserie durchaus bis zu 100 Tote gefordert haben könnte.* Seefeld wurde 1936 in Schwerin hingerichtet.

https://www.kabeleinsdoku.de/themen/helden-und-verbrecher/die-10-schlimmsten-serienmoerder-deutschlands#

Bei dem **Lissabon-Ripper** *(portugiesisch: Estripador de Lisboa) handelt es sich um einen bis heute unidentifizierten mutmaßlichen Serienmörder, dem von 1992 bis 1993 mindestens drei Frauenmorde in Lissabon zugeschrieben werden. Weitere ähnliche Morde fanden in Belgien, Tschechien, den Niederlanden und Dänemark statt, so dass sich die Zahl der Opfer dieses Täters möglicherweise auf sieben erhöht.*

Bei den Opfern handelte es sich stets um junge drogenabhängige Prostituierte, die der Täter erwürgte und dann mit einer Glasscherbe ausweidete. Keines der Opfer wurde vergewaltigt.

- *Beim ersten Opfer handelt es sich um die 22-jährige Maria Valentina, sie wurde am 31. Juli 1992 in Póvoa de Santo Adrião gefunden. Sie wurde erwürgt und ausgeweidet, innere Organe wurden entfernt.*

- *Das zweite Opfer war die 24-jährige Maria Fernanda, sie wurde am 27. Januar 1993 in Entrecampos gefunden.*

Auch ihr wurden innere Organe entfernt.

- *Das dritte Opfer war die 27-jährige Maria João, sie wurde am 15. März 1993 in der Nähe des Fundortes des ersten Opfers gefunden, auch ihr wurden innere Organe entnommen.*

Als Täter wurde 2011 José Pedro Guedes vermutet, als sein Sohn Joel für eine Reality Show angab, den Lissabon-Ripper zu kennen. Vor seiner Verhaftung teilte José Pedro Guedes der Zeitschrift Sol Details über die Morde mit. Guedes könnte aber für die Taten gar nicht zur Verantwortung gezogen werden, da diese nach portugiesischem Recht nach 15 Jahren verjähren.

Guedes wurde Ende 2011 inhaftiert und eines Mordes in Aveiro aus dem Jahr 2000 angeklagt, im Januar 2013 jedoch freigesprochen und nach 13 Monaten Haft in die Freiheit entlassen.

https://www.wikiwand.com/de/Lissabon-Ripper
Aufruf 03 /23

Notizen

Notizen